하나님이 세상을 이처럼 사랑하사

세례자 교재

(인도자용)

한국장로교출판사

차례 Contents

"하나님이 세상을 이처럼 사랑하사 독생자를 주셨으니 이는 그를 믿는 자마다 멸망하지 않고 영생을 얻게 하려 하심이라"(요한복음 3장 16절).

추천사

"갓난 아기들 같이 순전하고 신령한 젖을 사모하라 이는 그로 말미암아 너희로 구원에 이르도록 자라게 하려 함이라"(베드로전서 2 : 2).

배 속의 아이가 갓 태어나 성장하기 위해서는 꼭 필요한 것이 있습니다. 가장 기본적이지만 완벽한 모유입니다. 갓난아이는 모유를 통해 건강하게 양육됩니다. 영적인 양육도 마찬가지입니다. 예수 그리스도를 영접하고 새롭게 신자가 된 사람이 세례교인으로 건강하게 양육되기 위해서는 '기본 교육'이 반드시 필요합니다. 총회국내선교부에서 출판한 세례자교재는 이러한 점에서 총회뿐만 아니라 한국교회 전체에 활용될 수 있기에 추천하고자 합니다.

세례자를 위한 본 교재는 하나님의 말씀인 성경 속의 거대한 이야기를 통하여 하나님이 어떤 분이며, 인간은 어떠한 존재인지, 또한 세계는 어떠한 모습이 참된 모습인지 발견해 갈 수 있도록 돕는 교재입니다. 기존의 세례문답교육 교재들은 교리를 나열하거나 교리를 해설함으로 교회 현장에서 난해하거나 지루하게 여겨지기도 했습니다. 이러한 단점들을 보완하기 위해 본 교재는 세례를 받기 위하여 필수적으로 믿고 고백하고 알아야 하는 핵심적인 교리들을 성경공부 형식으로 전달하고자 했습니다. 어려운 성경공부가 아니라 세례교육을 받을 이들이 더 쉽고 재미있게 공부하도록 내러티브 및 스토리텔링 접근법을 도입하고 있습니다. 또한 가장 기본적이며 핵심적인 교리를 쉽게 이해할 수 있게 정리되어 있습니다. 본 교재가 활용됨으로 그리스도의 장성한 분량이 충만한 제자들이 많아지는 한국교회가 되길 기대합니다.

본 교재를 허락해 주신 하나님께 감사와 영광을 돌립니다. 또한 교재를 발간하기 위하여 수고하신 총회 국내선교부와 집필하신 백충현 교수님, 총회 전도양육정책연구위원회, 한국장로교출판사의 노고에 감사드립니다.

2016년 7월 4일

대한예수교장로회
총회장 채영남 목사

격려사

예수 그리스도를 구주와 주님으로 영접한 새신자를 그리스도의 몸 된 교회의 충실한 지체가 되어 주님을 섬기는 자로 출발하는 세례교인으로 세우는 일은 누가 주도해야 할까요? 당연히 새신자 자신이 아니라 그가 속한 교회가 주도해 나가야 합니다. 왜냐하면 새신자가 예수님을 영접했다고 해서 즉시 스스로 그 일을 주도할 수 없기 때문이며, 그리스도인의 삶이란 다른 지체인 다른 그리스도인들과 계속 교제를 나누는 관계 속에 있을 때 비로소 그 믿음이 제대로 자라 갈 수 있기 때문입니다. 이런 이유 때문에 지금까지의 세례교육 교재와는 다른 이 시대에 맞는 새로운 세례교육 교재가 요구되는 시점인데, 이번에 총회 국내선교부에서 그러한 면에 유의하던 중, 새가족교재(새가족용, 양육자용)와 함께 세례자교재(학습자용, 인도자용)를 발간하게 되었습니다. 참으로 기쁜 일이 아닐 수 없습니다.

이 새로운 세례교육 교재는 세례교인으로서 알아야 할 필수적 내용들을 포함하되, '성경의 요약'이요 '작은 복음'이라고 일컬어지는 요한복음 3장 16절을 중심으로 구성되었습니다. 그리고 '사도신경'적 기초 위에서 하나님의 말씀인 성경의 구절들과 이야기들을 통해 하나님, 인간, 세계에 대해, 그 관계에 대해 예수님을 믿는 신앙인으로서 반드시 알아야 할 교리적 내용들을 성경공부 형식으로(서사 신학, 이야기 신학 도입, 세계교회사와 한국교회사에서 예화 채택, 주제에 맞는 찬송 소개 등) 아주 쉽고, 재미있고, 내실 있게 꾸며진 새로운 스타일의 세례교육 교재입니다.

본 교재를 사용하는 세례 대상자들과 인도자들에게 성령님께서 뜨겁게 역사하시사 함께 그리스도의 몸인 교회가 온갖 잘못된 교훈의 풍조에 밀려 요동하는 일 없이 사랑과 진리의 터 위에 굳게 서서 머리이신 그리스도를 향해 날마다 자라 가는 은혜의 역사가 있기를 기도 드립니다.

2016년 7월 4일

전도양육정책연구위원장
영세교회 김충렬 목사

발간사

귀한 교재를 발간할 수 있도록 인도하신 하나님께 감사드립니다.

지난 100년간 한국교회와 우리 총회는 영혼구원과 전도에 열정을 쏟아왔으며 교회의 부흥과 성장을 위해 많은 힘을 기울여 왔습니다. 이제 제100회 총회를 지나면서 총회와 산하 교회 그리고 성도들은 지난 100년보다 더욱 신앙의 성숙과 영적인 성숙을 향하여 나아가야 할 때입니다. 또한 변화하는 사회가 보다 성숙된 그리스도인, 생활과 신앙이 일치하는 성숙한 그리스도인의 삶을 요청하고 있습니다. 이것을 위해 총회는 전도와 양육이 연속선상에서 이루어지도록 초신자 새가족 양육을 위한 교재에 이어 세례자 교육을 위한 교재의 필요성을 절실하게 인식하게 되었고, 제98회기부터 연구위원회를 조직하여 이번 제100회기에 결실을 맺게 되었습니다.

초신자인 세례자들이 기독교 신앙을 바르게 갖도록 안내하고 돕기 위해 본 교재를 발간하게 되었습니다. 세례자 교육의 중요성을 목회현장에서 경험하시고, 기본 교리를 알기 쉽게 3년간 정리하고 집필해 주신 백충현 교수님께 감사드립니다. 그리고 전도양육정책연구위원장으로 책임을 맡아 주신 영세교회 김충렬 목사님, 연구위원으로 조언을 아끼지 않으신 박영득 목사님, 이경재 목사님께 깊은 감사를 드립니다. 실무를 맡아 수고해 주신 박종우 목사님, 신민석 목사님, 그리고 한국장로교출판사 사장 채형욱 목사님과 직원, 관계자 여러분께 진심으로 감사드립니다.

천하보다 귀한 한 영혼이 그리스도의 장성한 분량에 이르도록 양육하여 하나님께서 기뻐하시는 그리스도인으로 자라가도록 돕는 일에 이 교재가 귀하게 사용되기를 기대합니다.

2016년 7월 4일

총회 국내선교부 총무
남윤희 목사

I

세례자 교육을 위한 성경공부의 기본 방향

세례자 교육을 위한
성경공부의 기본 방향

1. 교재의 목적과 취지

이 교재는 세례자 교육을 위한 성경공부 교재다. 하나님의 말씀인 성경 속의 거대한 이야기를 통하여 하나님이 어떤 분이고, 인간은 어떠한 존재이며, 또한 세계는 어떠한 모습이 참된 모습인지를 발견하여 갈 수 있도록 돕는다.

기존의 세례문답교육 교재들은 주로 교리들의 나열이거나 교리들에 대한 해설로 구성되어 있었다. 교리의 내용을 담고 있다는 점에서는 장점이 있지만, 그 교리적 내용을 전달하는 형식에서는 단점들이 있다. 그래서 교회 현장에서는 세례문답교육 또는 교리교육이 매우 난해하고, 따분하며, 지루하게 여겨지거나 성경이해와 신앙생활과는 무관한 것으로 여겨지기도 한다. 그런 까닭에 교회 현장에서는 세례문답교육이 형식적이고 피상적으로 이루어지고 있어 매우 안타까운 실정이다.

이러한 단점들을 보완하기 위하여, 이 교재는 세례를 받기 위하여 필수적으로 믿고, 고백하고, 알아야 하는 핵심적인 교리적 내용들을 포함하되, 성경공부의 형식으로 전달하고자 한다. 하나님의 말씀인 성경의 구절들과 이야기들을 통하여 하나님에 관하여, 인간에 관하여, 세계에 관하여 신앙인으로서 알아야 할 교리적 내용들을 전달하고자 한다.

성경공부의 형식으로 구성된 이 교재의 가장 큰 특징은 요한복음 3장 16절의 말씀을 바탕으로 교리적 주제들을 정리하고 구성한 것이다. 즉, 세계를 향한 하나님의 사랑과 이를 바탕으로 시작된 하나님의 구원의 역사를 선포하는 이 구절에 있는 단어들을 중심으로 교리적 주제들을 정리하고 구성한 것이다. 그러기에 이 교재를 통하여 성경을 배우고 교리적 내용들을 알아 갈 뿐만 아니라 핵심적으로는 하나님의 사랑과 구원의 이야기를 접하고 배우게 된다.

세례교육을 받는 이들이 더 쉽고 재미있게 공부할 수 있도록 서사신학(narrative theology)과 이야기신학(story-telling theology)의 접근법을 도입하였다. 이러한 접근법은 성경 전체를 삼위일체 하나님을 주인공으로 삼는 하나의 거대한 이야기로서 이해한다. 그리고 성경 안에 있는 여러 작은 이야기들은 주인공이신 삼위일체 하나님이 누구이신지를 드러내 준다고 이해한다. 그래서 이 교재는 성경을 통하여 드러난 하나님이 진정으로 어떤 분인지를 발견하고 고백할 수 있도록 돕는다. 아울러, 성경을 통하여 드러난 인간의 모습들과 세계의 모습들을 함께 발견하도록 돕는다.

또한, 이 교재에는 믿음의 삶을 살았던 신앙인들의 이야기들이 소개되어 있다. 성경 속에서 예수님을 만나고 고백하고 따르는 신앙인들의 이야기들뿐만 아니라, 세계교회의 역사 및 한국교회의 역사 속에 믿음의 길을 걸어갔던 신앙인들의 이야기들을 소개한다. 이러한 믿음의 이야기들을 통하여 우리의 삶이 어떻게 성경의 이야기와 연결될 수 있는지를 더 잘 파악할 수 있도록 돕는다. 그럼으로써 세례교육을 받는 이들이 오늘날의 삶 속에서 성경적인 믿음의 삶을 온전히 살아갈 수 있도록 지혜와 통찰을 제공하고자 한다.

2. 교재의 중심과 목차

이 교재의 중심은 요한복음 3장 16절이다. 이 구절은 3장 1~21절에 있는 니고데모와 예수님과의 만남과 대화라는 문맥 안에 위치한다. 니고데모라는 사람이 밤에 예수님께 찾아와서 구원과 영생에 관하여 질문한다. 그가 밤에 올 수밖에 없었던 것은 자신이 바리새인이며 유대인의 지도자라는 사회적인 위신과 체면이 있었기에 다른 사람들의 시선을 의식했기 때문이다.

니고데모는 사회적인 위신과 체면에도 불구하고 자신의 마음속 깊은 곳에 있는 영적인 갈망을 억누를 수는 없었다. 사람들이 메시야라고 외치며 따라다니는 예수님이라는 분을 꼭 만나고 싶었다. 그래서 남의 눈에 띄는 낮보다는 남의 눈에 잘 띄지 않는 밤을 선택해서라도 예수님을 찾아온 것이다.

예수님은 니고데모와의 만남과 대화를 통해서 거듭나는 것, 즉 중생에 관하

여 말씀하시고, 하나님의 나라에 들어 가는 것에 관하여 말씀하신다. 구원과 영생에 대한 영적인 갈망을 가지고 있던 니고데모가 "사람이 늙으면 어떻게 날 수 있사옵나이까? 두 번째 모태에 들어갔다가 날 수 있사옵나이까?"라고 솔직한 마음으로 질문을 하였다.

그러자 예수님께서는 모세가 광야에서 뱀을 들었을 때에 이를 보고 믿는 자들이 구원을 받은 것처럼, 예수님 자신도 십자가에 들리울 것인데 이를 보고 믿는 자들은 영생을 얻을 것이라고 설명하신다. 그러시면서 "하나님이 세상을 이처럼 사랑하사 독생자를 주셨으니 이는 그를 믿는 자마다 멸망하지 않고 영생을 얻게 하려 하심이라"(요한복음 3장 16절)고 말씀하신다.

예수님과의 이러한 만남과 대화를 통하여 구원과 영생의 진리를 깨닫게 된 니고데모는 자신의 삶의 자리에서 예수님을 믿고 따르는 삶을 살기 시작한다. 베드로와 안드레와 몇몇 제자들처럼 자신의 삶의 자리를 떠나서 예수님을 믿고 따르지는 않았지만, 자신의 삶의 자리 안에서 예수님을 믿고 따르는 삶을 살았다.

예를 들면, 산헤드린공의회에서 예수님에 대한 재판을 열고자 할 때에, 니고데모는 "왜 증거도 없이 재판을 열고자 하느냐?"라고 절차적 정당성을 비판하면서 예수님을 보호하고자 하였다. 그리고 예수님께서 십자가에 달리시고 죽으실 때에 그는 아리마대 요셉과 함께 예수님의 시신을 거두어 장사하였다.

그러므로 니고데모의 삶은 하나님의 사랑으로 시작된 구원의 역사를 깨달아 발견하고 이를 믿고 받아들여서 영생을 맛보고 살아가는 신앙인의 삶이었다고 할 수 있다.

요한복음 3장 16절은 바로 이 니고데모와 예수님과의 만남과 대화를 배경으로 하고 있으며, 또한 예수님과의 만남과 대화 이후로 구원과 영생을 맛보며 살아갔던 한 신앙인의 이야기를 배경으로 하고 있다. 이러한 점을 고려하면서, 본 교재는 요한복음 3장 16절의 말씀에 등장하는 중요한 주제어들을 중심으로 목차를 구성했다.

먼저, 1과에서는 성경이 하나님의 말씀이라는 점을 다룬다. 2~8과까지는 요한복음 3장 16절 "하나님이 세상을 이처럼 사랑하사 독생자를 주셨으니 이는 그를 믿는 자마다 멸망하지 않고 영생을 얻게 하려 하심이라"에 등장하는 중요한 주제어들을 중심으로 구성된다. 그래서 2과에서는 '하나님', 3과에서는 '세상', 4과에서는 '사랑', 5과에서는 '독생자', 6과에서는 '믿음', 7과에서는 '멸망', 8과에서는 '영생'을 다룬다.

그리고 9과에서는 본 교단이 속한 개혁교회/장로교회의 신학의 정체성과 특징들을 다룬다. 그리고 마지막 10과에서는 오늘날 횡행하는 이단/사이비들을 분별할 수 있는 성경적인 기준들을 다룬다. 이를 통하여 본 교단의 정체성을 더 잘 파악하고, 오늘날의 이단들을 더 잘 분별할 수 있도록 돕는다.

이렇게 함으로써 본 교재는 세례교육을 받는 모든 이들이 하나님의 사랑으로 시작된 구원과 영생을 받아들이고 맛보며 살아갈 수 있도록 돕는다.

중심본문 : 요한복음 3장 16절 배경본문 : 요한복음 3장 1-21절			
차례	본문 주제어	신학적 주제들	제목
1과		성경론/계시론	성경은 하나님의 말씀!
2과	하나님	신론/삼위일체론	성경에서 드러난 삼위일체 하나님
3과	세상	창조론/인간론/죄론	선한 창조세계, 그리고 타락 이후
4과	사랑	신론/섭리론	세계를 향한 하나님의 사랑의 마음
5과	독생자	기독론/구원론	하나님의 사랑의 최고의 표현 –독생자 예수 그리스도
6과	믿음	신앙론/성령론	하나님의 사랑을 어떻게 누릴 수 있는가?
7과	멸망	심판론/종말론	하나님의 사랑을 거절한다면
8과	영생	교회론/소명론	하나님의 사랑 안에서 살아가는 삶
9과		장로교(개혁교회)	개혁교회/장로교회의 신학
10과		이단/사이비 분별	이단/사이비 분별의 기준들

3. 교재의 활용

본 교재는 학습자용과 인도자용으로 구성되어 있다. 학습자용은 각 과의 순서를 따라가며 스스로 성경을 참조하여 공부할 수 있도록 구성되어 있다. 인도자용은 각 과의 순서를 따라가며 성경을 참조하되, 이해를 돕기 위하여 교리적인 내용들을 제공하고, 이 내용들에 대한 설명과 해설을 추가하였다.

학습자용과 인도자용은 매 과마다 다음과 같이 구성되어 있다.

순서	제목	내용	형식
1절	도입	주제로의 도입	기도-찬양-묵상
2절	본문 1	세부주제 1	질문 1-2개
3절	본문 2	세부주제 2	질문 1-2개
4절	본문 3	세부주제 3	질문 1-2개
5절	적용	주제 나눔	삶에의 적용

위의 표에서 보는 것처럼, 각 과는 5개의 절로 구성되어 있다. 1절은 도입으로서 각 과에서 주제로의 도입을 돕는 역할을 한다. 인도자가 기도로 시작하고, 인도자와 학습자가 함께 찬양하며, 주제에 관하여 생각할 수 있도록 유도한다.

2~4절은 각 과의 전체 주제를 드러내기 위하여 세부주제들을 3가지로 제시한다. 각 세부주제는 대개 질문 1~2개로 구성되어 있으며, 학습자는 각 질문에 관하여 성경구절을 참조하여 답을 찾아갈 수 있다.

마지막 5절은 참여자들이 각 과의 주제를 함께 나누고 각자의 삶에 적용할 수 있도록 구성되어 있다. 적용을 쉽게 할 수 있도록 하기 위하여 교회사에서의 아름다운 신앙 이야기들을 예화로 적극 활용하였다.

본 교재는 교회의 상황에 맞추어 다양하게 활용할 수 있다. 내용전달 중심으로 사용할 수도 있고, 질의응답 또는 토론참여 중심으로 사용할 수도 있다. 내용전달 중심으로 사용하고자 한다면 각 과마다 40~60분 정도의 시간이 필요하다. 그러나 질의응답 및 토론참여 중심으로 사용하고자 한다면 각 과마다 60~90분 정도의 시간이 필요하다.

그리고 본 교재는 본래 10주 기간의 분량으로 구성되어 있지만, 교회의 상황과 형편에 따라서 4~8주로 탄력적으로 조정해서 사용할 수 있다. 이를 위해서는 인도자가 전체 내용을 잘 파악할 수 있어야 한다.

4. 인도자의 준비사항

본 교재를 효과적으로 사용하기 위하여 누구보다도 인도자가 교재 전체의 내용을 통달할 수 있어야 한다. 그래야 인도자가 각 과의 내용 중 세부적인 것에 매이지 않고 탄력적으로 자유롭게 진행하고 인도할 수 있다. 그러므로 인도자는 성경공부를 시작하기 전에 본 교재의 전체적인 구조와 구성을 파악하고, 그런 후에 각 과의 핵심내용을 파악하여야 한다.

세례교육을 위한 교재이면서도 교리문답서의 형식이 아니라 성경공부의 형식이기 때문에, 성경공부를 통해서 자연스럽게 교리문답서의 내용들과 잘 연결될 수 있도록 정리하면 좋다.

무엇보다, 오늘날 세례교육을 받는 이들은 일방적인 주입식 강의보다는 질의응답과 토론참여의 형식을 선호하기 때문에, 인도자는 이러한 형식을 도입할 수 있도록 마음의 여유를 가질 필요가 있다. 그래서 성경공부 중에 세례교육을 받는 이들이 어떤 질문이라도 편안한 마음으로 할 수 있도록 분위기를 형성해 주어야 한다.

II

교재의 내용

MEMO

1

제1과
성경은 하나님의 말씀!

도입

- 기도
- 찬송 200장 "달고 오묘한 그 말씀"
- 다음은 한국교회의 역사 중 1866년 대동강에서 발생한 제너럴셔먼호 사건과 관련된 이야기입니다. 이 이야기를 읽으면서 '성경'이 어떠한 놀라운 일을 일으켰는지 함께 생각해 보세요.

토마스 목사도 더 이상 배에 있을 수 없어서 성경 몇 권을 품에 품고 강으로 뛰어내려 헤엄쳐 나왔다. 헤엄쳐 나온 토마스 목사를 **박춘권**이 칼로 쳐 죽임으로써 그는 한국 초기선교 역사에서 최초의 개신교 성직자 순교자가 되었다. 토마스 목사는 품에 품고 온 성경을 여기저기에 뿌렸고, 자기를 죽이려는 박춘권에게도 성경 한 권을 주었는데, 박춘권은 처음에는 받지 않다가 되돌아갈 때 이것을 주워 집으로 가지고 갔다. 갖고 간 성경을 읽은 그는 후에 예수를 믿고 신자가 되었으며 안주교회의 영수가 되었다고 전해진다. 이때 군중 속에 열두 살 난 소년, **최치량**이 있었는데, 그는 토마스 목사가 던져 준 성경 세 권을 주워 갖고 있다가 두려워 그중 한 권을 **박영식**에게 주었다. 그가 그 성경을 뜯어 벽지로 발라 쓴 것을 최치량이 후에 그의 집에 갔을 때 보았다고 한다. 그런데 후에 박영식의 집은 평양 최초의 교회인 널다리골 예배당이 되었다. 박춘권의 조카 **이영태**가 박영식의 집에 왔다가 벽에 바른 성경을 읽고 감동하여 예수를 믿고 후에 평양 숭실전문을 졸업하고 미국 남장로교회 선교사 레널즈의 조사가 되어 한국인 성서번역위원의 한 사람으로 큰 공헌을 하였다. (김인수, 「한국기독교회의 역사」 〈서울 : 장로회신학대학교출판부, 1997〉, 107-108쪽)

2 성경은 하나님의 감동으로 된 하나님의 말씀입니다.

○ 디모데후서에서는 성경에 관하여 다음과 같이 알려 줍니다.

15또 어려서부터 성경을 알았나니 성경은 능히 너로 하여금 그리스도 예수 안에 있는
믿음으로 말미암아 구원에 이르는 지혜가 있게 하느니라 16모든 성경은 하나님의 감동
으로 된 것으로 교훈과 책망과 바르게 함과 의로 교육하기에 유익하니 17이는 하나님
의 사람으로 온전하게 하며 모든 선한 일을 행할 능력을 갖추게 하려 함이라 (디모데
후서 3장 15–17절)

Q 위의 구절에 따르면, 성경은 어떠한 일들을 합니까?

Q 16절에서 "하나님의 감동으로 된 것(God–breathed)"이란 무슨 뜻입니까?

"모든 성경은 하나님의 감동으로 된 것으로(All Scripture is God–breathed)"라는 구절에서 "하나님의 감동"은 "하나님께서 숨을 불어넣으시다(inspire/breathe)"라는 의미입니다. 그래서 "하나님의 감동"을 **"성경의 영감(inspiration)"**이라고 합니다. 사람의 경우에도 숨을 쉬어야 목소리가 나오듯이, 하나님께서 숨을 불어넣으실 때에, 하나님의 음성이 나오며 말씀하십니다. 그러므로 "하나님의 감동"은 하나님께서 숨을 불어넣으시며 하나님께서 말씀하신다(God speaks!)는 의미입니다. 성경의 하나님은 바로 '말씀하시는 하나님'이십니다. 그래서 성경에서는 **"하나님이 이르시되(God said)", "예수께서 이르시되(Jesus said)", "성령이 하시는 말씀(what the Spirit says)"**이라는 구절이 많이 나타납니다. 하나님의 감동으로 된 성경은 하나님의 말씀이라는 뜻입니다.

3 하나님의 말씀은 놀라운 역사를 일으킵니다.

○ 이사야와 히브리서에서는 하나님의 말씀이 행하는 놀라운 역사에 관하여 다음과 같이 알려 줍니다.

> [10]이는 비와 눈이 하늘로부터 내려서 그리로 되돌아가지 아니하고 땅을 적셔서 소출이 나게 하며 싹이 나게 하여 파종하는 자에게는 종자를 주며 먹는 자에게는 양식을 줌과 같이 [11]**내 입에서 나가는 말**도 이와 같이 헛되이 내게로 되돌아오지 아니하고 나의 기뻐하는 뜻을 이루며 내가 보낸 일에 형통함이니라 (이사야 55장 10-11절)

> [12]**하나님의 말씀**은 살아 있고 활력이 있어 좌우에 날선 어떤 검보다도 예리하여 혼과 영과 및 관절과 골수를 찔러 쪼개기까지 하며 또 마음의 생각과 뜻을 판단하나니[13] 지으신 것이 하나도 그 앞에 나타나지 않음이 없고 우리의 결산을 받으실 이의 눈 앞에 만물이 벌거벗은 것 같이 드러나느니라 (히브리서 4장 12-13절)

Q 이사야에서는 "내 입에서 나가는 말"인 하나님의 말씀이 헛되이 되돌아오지 아니함을 어떤 비유로 설명하고 있습니까?

Q 히브리서에 따르면, "살아 있고 활력이 있는(living and active)" 하나님의 말씀이 어떠한 역사를 일으킵니까?

○ 교회의 역사에서도 하나님의 말씀이 일으킨 놀라운 역사의 예들을 찾아볼 수 있습니다.

성 아우구스티누스(어거스틴)(354-430)는 위대한 기독교 신학자로 알려져 있지만, 처음부터 그랬던 것이 아닙니다. 사상적 및 철학적으로는 방황자였고, 도덕적 및 윤리적으로는 사생아를 낳을 정도로 방탕자였습니다. 그의 어머니 모니카는 아들을 위하여 아주 열심히 기도하였습니다. 그래서 어머니의 무릎이 낙타 무릎이 될 정도였습니다. 어느 날 아우구스티누스에게 "톨레 레게(Tolle lege)"라는 하나님의 음성이 들려왔습니다. 이는 "집어서 읽어라!"라는 라틴어입니다. 그래서 그는 성경을 집어서 읽었는데 그 말씀은 바로 로마서 13장 11~14절이었습니다. 아우구스티누스는 이 말씀을 읽고 자신의 죄인 됨을 깨닫고 세례를 받아 믿음의 여정을 시작하였고 위대한 신학자가 되었습니다.

> [11]또한 너희가 이 시기를 알거니와 자다가 깰 때가 벌써 되었으니 이는 이제 우리의 구원이 처음 믿을 때보다 가까웠음이라 [12]밤이 깊고 낮이 가까웠으니 그러므로 우리가 어둠의 일을 벗고 빛의 갑옷을 입자 [13]낮에와 같이 단정히 행하고 방탕하거나 술 취하지 말며 음란하거나 호색하지 말며 다투거나 시기하지 말고 [14]오직 주 예수 그리스도로 옷 입고 정욕을 위하여 육신의 일을 도모하지 말라 (로마서 13장 11-14절)

마르틴 루터(1483-1546)는 1517년 종교개혁을 일으켰습니다. 그는 본래 수도사로서 자신의 죄인 됨을 예민하게 깨달아 어떻게 하면 하나님께서 기뻐하시는 사람, 의로운 사람이 될 수 있을까를 깊이 고민하였던 사람이었습니다. 그래서 그는 육체를 제어하고자 온갖 몸의 고행을 마다하지 않았습니다. 심지어는 높은 탑의 꼭대기까지 수많은 계단을 무릎으로 올라가기도 하였습니다. 그렇지만 그렇게 하더라도 그의 마음은 조금도 평안을 누리지 못하였습니다. 이러한 루터는 신약의 로마서 1장 17절을 묵상하면서 새로운 영적인 깨달음을 얻었습니다. 여기에서 루터는 믿음으로 의롭게 된다는 "이신칭의(以信稱義, Justification by Faith)"의 진리를 발견하였습니다. 우리의 의나 우리의 행함의 의가 아니라, 복음에 나타난 예수 그리스도의 의로 말미암아 우리가 의롭게 된다는 것을 발견한 것입니다. 그래서 영적인 평안과 기쁨을 누리게 되었고, 이를 계기로 종교개혁을 일으켜서 기독교와 서양역사에 큰 변혁을 일으켰습니다.

> [17]복음에는 하나님의 의가 나타나서 믿음으로 믿음에 이르게 하나니 기록된 바 오직 의인은 믿음으로 말미암아 살리라 함과 같으니라 (로마서 1장 17절)

4 성경의 구성과 약어와 분류

○ 성경은 구약과 신약으로 구성되어 있습니다.

성경 전체(66권) = 구약(39권) + 신약(27권)

① 구약 = 옛 약속(언약)(Old Testament/Covenant)

⇨ 예수 그리스도(메시야)가 우리에게 오실 것에 대한 약속

② 신약 = 새 약속(언약)(New Testament/Covenant)

⇨ 약속의 성취이신 예수 그리스도 및 그가 우리에게 주신 약속

○ 성경 66권 각각을 다음과 같은 약어로 표시할 수 있습니다.

구 약					
창세기(창)	출애굽기(출)	레위기(레)	민수기(민)	신명기(신)	여호수아(수)
사사기(삿)	룻기(룻)	사무엘상(삼상)	사무엘하(삼하)	열왕기상(왕상)	열왕기하(왕하)
역대상(대상)	역대하(대하)	에스라(스)	느헤미야(느)	에스더(에)	욥기(욥)
시편(시)	잠언(잠)	전도서(전)	아가(아)	이사야(사)	예레미야(렘)
예레미야애가(애)	에스겔(겔)	다니엘(단)	호세아(호)	요엘(욜)	아모스(암)
오바댜(옵)	요나(욘)	미가(미)	나훔(나)	하박국(합)	스바냐(습)
학개(학)	스가랴(슥)	말라기(말)			
신 약					
마태복음(마)	마가복음(막)	누가복음(눅)	요한복음(요)	사도행전(행)	로마서(롬)
고린도전서(고전)	고린도후서(고후)	갈라디아서(갈)	에베소서(엡)	빌립보서(빌)	골로새서(골)
데살로니가전서(살전)	데살로니가후서(살후)	디모데전서(딤전)	디모데후서(딤후)	디도서(딛)	빌레몬서(몬)

히브리서(히)	야고보서(약)	베드로전서(벧전)	베드로후서(벧후)	요한1서(요일)	요한2서(요이)
요한3서(요삼)	유다서(유)	요한계시록(계)			

○ 성경 66권을 다음과 같이 분류할 수 있습니다.

① 구약 = 율법서(5) + 역사서(12) + 시가서(문학서)(5) + 예언서(선지서)(17)

② 신약 = 복음서(4) + 역사서(1) + 서신서(21) + 예언서(1)

※ 공관복음(3)=마태복음/마가복음/누가복음

※ 사복음서(4)=마태복음/마가복음/누가복음/요한복음

<table>
<tr><th>구분</th><th colspan="3">분류</th><th colspan="2">권수</th><th>책명</th></tr>
<tr><td rowspan="5">구약</td><td colspan="3">① 율법서</td><td colspan="2">5</td><td>창, 출, 레, 민, 신</td></tr>
<tr><td colspan="3">② 역사서</td><td colspan="2">12</td><td>수, 삿, 룻, 삼상, 삼하, 왕상, 왕하, 대상, 대하, 스, 느, 에</td></tr>
<tr><td colspan="3">③ 시가서(문학서)</td><td colspan="2">5</td><td>욥, 시, 잠, 전, 아</td></tr>
<tr><td colspan="2" rowspan="2">④ 예언서(선지서)</td><td>대예언서</td><td colspan="2">5</td><td>사, 렘, 애, 겔, 단</td></tr>
<tr><td>소예언서</td><td colspan="2">12</td><td>호, 욜, 암, 옵, 욘, 미, 나, 합, 습, 학, 슥, 말</td></tr>
<tr><td rowspan="8">신약</td><td colspan="3">① 복음서</td><td colspan="2">4</td><td>마, 막, 눅, 요</td></tr>
<tr><td colspan="3">② 역사서</td><td colspan="2">1</td><td>행</td></tr>
<tr><td rowspan="5">③ 서신서</td><td rowspan="4">바울
서신</td><td>교리서신</td><td rowspan="5">21</td><td>4</td><td>롬, 고전, 고후, 갈</td></tr>
<tr><td>옥중서신</td><td>4</td><td>엡, 빌, 골, 몬</td></tr>
<tr><td>목회서신</td><td>3</td><td>딤전, 딤후, 딛</td></tr>
<tr><td>일반서신</td><td>2</td><td>살전, 살후</td></tr>
<tr><td colspan="2">공동서신</td><td>8</td><td>히, 약, 벧전, 벧후, 요일, 요이, 요삼, 유</td></tr>
<tr><td colspan="3">④ 예언서</td><td colspan="2">1</td><td>계</td></tr>
</table>

적용

○ 신앙생활을 하면서 성경을 '살아 있고 활력이 있는 하나님의 말씀'으로 경험한 적이 있다면 간단히 소개해 주세요.

○ 다음의 "신구약 성경 목록가"를 부르면서 성경 목록을 외워 보세요.

2

제2과
성경에서 드러난 삼위일체 하나님

도입

○ 기도

○ 찬송 3장 "성부 성자와 성령"

○ 예배는 하나님께 찬송과 영광을 돌리는 것입니다. 이러한 예배는 오로지 하나님만이 받으실 수 있습니다. 찬송가 3장, 4장, 7장의 가사는 주후 2세기부터 예배에 사용된 것으로 "영광송(Gloria Patri)"이라고 불립니다. 2세기 초대교회의 그리스도인들이 하나님을 어떻게 믿고 고백하고 찬양하는지가 가사에 반영되어 있습니다. 찬송가 3장의 가사에서는 하나님에 대한 이해가 어떤 특징을 보이는지 함께 생각해 보세요.

성부 성자와 성령 찬송과 영광 돌려보내세
태초로 지금까지 또 영원무궁토록
성삼위께 영광 영광 아멘
(※ 찬송가 3장의 가사이며, 4장과 7장에는 약간의 변화가 있음)

기독교에서 예배는 오직 하나님만이 받으실 수 있습니다. 그러기에 예배 중의 찬송과 영광을 받으실 수 있는 분은 오직 하나님이십니다. 하나님만이 예배를 통하여 찬송과 영광을 받으실 수 있습니다. 그런데 위의 찬송가 가사에 따르면, 찬송과 영광을 받으시는 분, 즉 예배의 대상이 되시는 분은 성부와 성자와 성령이십니다. 이는 성부도 하나님이시고 성자도 하나님이시고 성령도 하나님이심을 의미합니다. 성경 안에는 "삼위일체(The Trinity)"라는 단어가 직접적으로 나타나지는 않습니다. 그러나 성경의 이야기들을 통해서 하나님은 성부와 성자와 성령으로 계시는 하나님, 즉 삼위일체 하나님(The Triune God)임이 명백하게 드러나 있습니다.

세례에서 드러난 삼위일체 하나님

○ 세례는 성만찬과 함께 예수 그리스도께서 직접 제정하신 기독교의 중요한 성례(Sacrament)입니다. 세례(Baptism)는 신앙의 입문으로서 예수 그리스도와의 연합(Union with Christ)을 이루는 성례이며, 성만찬(Eucharist)은 예수 그리스도를 기념하기 위하여 떡을 먹고 잔을 마심으로써 신앙의 성장과 양육을 이루는 성례입니다.

16열한 제자가 갈릴리에 가서 예수께서 지시하신 산에 이르러 17예수를 뵈옵고 경배하
나 아직도 의심하는 사람들이 있더라 18예수께서 나아와 말씀하여 이르시되 하늘과 땅
의 모든 권세를 내게 주셨으니 19그러므로 너희는 가서 모든 민족을 제자로 삼아 **아
버지와 아들과 성령의 이름으로 세례를 베풀고** 20내가 너희에게 분부한 모든 것을 가
르쳐 지키게 하라 볼지어다 내가 세상 끝날까지 너희와 항상 함께 있으리라 하시니라
(마태복음 28장 16-20절)

Q 19절에서 예수님은 누구의 이름으로 세례를 베풀라고 명령하고 계십니까? 그리고 여기에서 이름이 단수로 표현되어 있는 이유는 무엇입니까?

마태복음 28장 18~20절은 예수님이 제자들에게 온 세계로 가서 모든 민족에게 복음을 전파하라고 말씀하신 최고의 명령, 즉 지상명령(至上命令, the Great Commission)입니다. 19절에서 예수님은 "모든 민족을 제자로 삼아 **아버지와 아들과 성령의 이름으로(in the name of the Father and of the Son and of the Holy Spirit)** 세례를 베풀고"라고 말씀합니다. 여기에서 이름(name)이라는 단어가 복수(plural)가 아니라 단수(singular)로 표현되어 있습니다. 즉, 성부와 성자와 성령을 언급하시지만 놀랍게도 세 이름들(three names)이 아니라 하나의 이름(name)으로 표현되어 있습니다. 이러한 점은 성부와 성자와 성령으로 계시는 하나님이 세 하나님들이 아니라 한 분 하나님임을 암시적으로 알려 주고 있습니다.

○ 예수님이 세례를 받으시는 사건이 마태복음 3장 13~17절, 마가복음 1장 9~11절, 누가복음 3장 21~22절에 기록되어 있습니다.

13이 때에 예수께서 갈릴리로부터 요단강에 이르러 요한
에게 세례를 받으려 하시니 14요한이 말려 이르되 내가 당
신에게서 세례를 받아야 할 터인데 당신이 내게로 오시나
이까 15예수께서 대답하여 이르시되 이제 허락하라 우리
가 이와 같이 하여 모든 의를 이루는 것이 합당하니라 하
시니 이에 요한이 허락하는지라 16예수께서 세례를 받으
시고 곧 물에서 올라오실새 하늘이 열리고 하나님의 성령
이 비둘기 같이 내려 자기 위에 임하심을 보시더니 17하늘
로부터 소리가 있어 말씀하시되 이는 내 사랑하는 아들이
요 내 기뻐하는 자라 하시니라 (마태복음 3장 13-17절)

Q 위의 구절에 따르면, 성부와 성자와 성령이 세례 사건 안에서 각각 어떻게 활동하고 계십니까?

예수님이 세례 요한으로부터 세례를 받으실 때에, 하늘이 열리고, 성령이 비둘기 같이 예수님 위에 임하며, 하늘로부터 "이는 내 사랑하는 아들이요 내 기뻐하는 자라"는 소리가 들렸으며, 하나님의 사랑이 예수님 위에 머물렀습니다. 종교개혁자이며 장로교를 세운 칼뱅/칼빈(Calvin)에 따르면, 하늘의 열림은 천상의 영광이 현현한 것을 의미하며 이것은 성부 하나님이 함께 존재하심을 상징적으로 보여 주는 것입니다. 그리고 성령 하나님이 임하실 때에, 비록 이전부터 성령이 함께 하셨더라도, 이제는 인간으로서의 예수님이 천상의 소명에 관한 확신을 받으며, 그리고 곧 영적인 전투를 시작하기에 앞서서 성령의 막대한 권능으로 옷 입게 됩니다. 이와 같은 예수 그리스도의 공적인 등장의 사건 속에서, 성부 하나님은 그의 사랑하시는 성자를 부르시고 세상으로 내어 주십니다. 성자 하나님은 성령의 새로운 권능으로 옷 입으며 중보자의 직무를 담당하십니다. 성령 하나님은 성자와 함께 존재하시며 권능을 부여해 주십니다. 이와 같이 예수 그리스도

의 세례 사건 속에서 성부 하나님과 성자 하나님과 성령 하나님이 함께 존재하시고, 함께 사역하시며, 삼위일체 하나님으로 활동하십니다. (백충현, 「남북한 평화통일을 위한 삼위일체적 평화통일 신학의 모색」〈서울 : 나눔사, 2012〉, 114쪽)

3 역사와 창조에서 드러난 삼위일체 하나님

○ 구약에서 하나님에 대한 이해가 핵심적으로 요약되어 있는 것이 바로 쉐마(Shema) 구절입니다. "쉐마"는 "들으라"라는 뜻을 지닌 히브리어로서, 구약의 신명기 6장 4~5절의 맨 앞에 위치하고 있기 때문에 이렇게 불리고 있습니다.

[4]이스라엘아 **들으라 우리 하나님 여호와는 오직 유일한 여호와이시니**(Hear, O Israel : The Lord our God, the Lord is one), [5]너는 마음을 다하고 뜻을 다하고 힘을 다하여 네 하나님 여호와를 사랑하라 (신명기 6장 4–5절)

Q 위의 구절에 따르면, 하나님은 어떠한 분입니까?

히브리어에서 '하나'를 의미하는 단어가 둘이 있는데, '에하드('ehādh)'와 '야히드(yahidh)'가 있습니다. '에하드'는 일치(unity)를 의미하고, '야히드'는 한 개의 단위(a unit)를 의미합니다. '에하드'는 하나이면서도 그 안에 모종의 구별이 있음을 암시하지만, '야히드'는 단지 한 개만을 가리킵니다. 참고로, 구약의 창세기 2장 24절에 "이러므로 남자가 부모를 떠나 그의 아내와 합하여 둘이 <u>한</u> 몸을 이룰지로다"라고 말씀하는데, 여기에서 '한'에 '에하드'가 사용되었습니다.

그러므로 4절에서 '오직 유일한'을 의미하는 히브리어로 '에하드'가 사용되었다는 점은, 하나님이 한 분이시지만 단지 한 개의 하나님이 아니라 하나님 안에 모종의 구별이 있음을 암시적으로 알려 주는 것입니다. 물론 이 구별은 구약에서는 암시적으로 알려졌지만 신약에서는 분명하고도 결정적으로 계시되었습니다.

○ **창세기 1장은 하나님께서 세계를 창조하셨다고 말씀하며 창조의 과정을 상세하게 알려 줍니다.**

[1]태초에 하나님이 천지를 창조하시니라 [2]땅이 혼돈하고 공허하며 흑암이 깊음 위에 있고 하나님의 영은 수면 위에 운행하시니라 [3]하나님이 이르시되 빛이 있으라 하시니 빛이 있었고 (창세기 1장 1–3절)

Q 위의 구절에 따르면, 성부와 성자와 성령이 창조에서 어떻게 활동하고 계십니까?

하나님께서 무(無)로부터의 창조(creatio ex nihilo)를 행하셨습니다. 그런데 창세기 1장 1~3절을 자세히 살펴보면, 천지창조에서도 성부 하나님과 성자 하나님과 성령 하나님께서 함께 존재하시고 함께 활동하심을 볼 수 있습니다. 2절에서의 "하나님의 영(the Spirit of God)"은 성령 하나님을 가리킵니다. 3절에서의 "하나님이 이르시되(God said)"는 하나님께서 말씀으로 창조하셨음을 의미합니다. 즉, 성부 하나님께서 말씀이신 성자 하나님을 통하여 창조하셨음을 의미합니다. 그러기에 하나님의 창조 활동에서조차도 성부 하나님과 성자 하나님과 성령 하나님께서 함께 존재하시고 함께 활동하심을 알 수 있습니다.

참고로, 1절의 "하나님"은 히브리어로 '엘로힘'인데, 이 단어는 신(神)을 의미하는 히브리어 '엘'이라는 단어의 복수입니다. 여기에 복수의 단어가 쓰였다는 점 자체가 삼위일체를 증명하는 것은 아닙니다. 이러한 표현은 신(神)의 위엄을 높여서 표현하기 위하여 복수형을 사용하는 "신적인 위엄의 복수(divine majesty plural)"로서 히브리어 문법의 독특한 용법일 뿐입니다.

○ **장 칼뱅(존 칼빈, John Calvin)**(1509–1564)은 종교개혁자이며 장로교를 설립하였습니다. 그가 저술한 「기독교강요(최종판)」 I권 13장은 성경에 근거하여 삼위일체론을 다루기 시작하며 18절에서 삼위 간의 구별을 다룹니다. 여기에서 칼뱅은 삼위 간의 구별이 성경 속에 분명하게 드러나 있다고 주장하면서, 성부와 성자와 성령의 활동을 아래와 같이 구별합니다. 칼뱅의 진술은 성부 하나님, 성자 하나님, 성령 하나님은 항상 함께 존재하시고, 항상 함께 사역하시면서 하나 됨의 일치를 이루시는 삼위일체 하나님이심을 의미합니다.

성경이 말하는 구별은 다음과 같다. 곧 성부는 일의 시초(beginning)가 되시고, 만물의 기초(fountain)와 원천(wellspring)이 되시며, 성자는 지혜(wisdom)요 계획(counsel)이시며, 만물을 질서 있게 배열(ordered dispensation)하시는 분이라고 하였으며, 그러나 성령에게는 그와 같은 모든 행동의 능력(power)과 효력(efficacy)이 돌려진다. (칼뱅, 「기독교강요(최종판)」 I, xiii, 18)

4 삶에서 드러나는 삼위일체 하나님

○ 하나님께서는 삼위일체 하나님이시기에 성부와 성자와 성령께서 모두 함께 우리의 연약함을 도우십니다. 우리를 위한 하나님의 간구에서도 마찬가지입니다.

26이와 같이 성령도 우리의 연약함을 도우시나니 우리는 마땅히 기도할 바를 알지 못
하나 오직 성령이 말할 수 없는 탄식으로 우리를 위하여 친히 간구하시느니라 27마음
을 살피시는 이가 성령의 생각을 아시나니 이는 성령이 하나님의 뜻대로 성도를 위하
여 간구하심이니라 …… 34누가 정죄하리요 죽으실 뿐 아니라 다시 살아나신 이는 그
리스도 예수시니 그는 하나님 우편에 계신 자요 우리를 위하여 간구하시는 자시니라
…… 38내가 확신하노니 사망이나 생명이나 천사들이나 권세자들이나 현재 일이나 장
래 일이나 능력이나 39높음이나 깊음이나 다른 어떤 피조물이라도 우리를 우리 주 그
리스도 예수 안에 있는 하나님의 사랑에서 끊을 수 없으리라 (로마서 8장 26–39절)

Q 위의 구절에 따르면, 성부와 성자와 성령은 각각 어떻게 우리의 연약함을 도우십니까?

Q 38~39절에 따르면, 삼위일체 하나님께서 우리의 연약함을 위해 간구하시기에 우리는 어떤 확신을 가질 수 있습니까?

적용

○ 삼위일체 하나님에 관한 성화들이 많이 있지만, 다음의 2가지 그림이 대표적입니다. 왼쪽은 16세기 스페인에서 제로니모 코시다가 그린 삼위일체 성화이며, 오른쪽은 15세기 러시아 정교회의 안드레이 루블레프가 그린 삼위일체 성화입니다.

Q 위의 성화들을 생각하면서 삼위일체 하나님에 관한 이해가 반영되어 있는 성경구절들을 발견할 수 있다면 어디에서 찾을 수 있습니까?

○ 찬송가 11장의 가사는 길선주 목사가 지은 것입니다. 그는 홀로 한 분 하나님은 성부와 성자와 성령으로 계시는 삼위일체 하나님이라고 이해하고 있습니다. 삼위일체 하나님을 묵상하면서 찬양해 보세요.

홀로 한 분 하나님께 천하만민 경배하라
만국왕을 다스리고 온세상 만민 기르신다
만국왕을 다스리고 온세상 만민 기르신다

독생 성자 예수님께 모든 죄인 회개하라
세상 만민 구원하고 놀라운 은혜 베푸신다
세상 만민 구원하고 놀라운 은혜 베푸신다

보혜사 성령님께 모든 삶을 맡기어라
말씀으로 도우시고 죄악을 이길 힘 주신다
말씀으로 도우시고 죄악을 이길 힘 주신다 아멘

MEMO

3

제3과
선한 창조세계, 그리고 타락 이후

1 도입

○ 기도

○ 찬송 478장 "참 아름다워라"

○ 삼위일체 하나님께서 창조하신 참 아름다운 세계가 어떠한 모습인지 함께 생각해 보세요.

2 선한 창조세계

○ 창세기 1장에는 하나님께서 세계를 창조하신 과정들이 상세하게 기록되어 있고, 창조세계에 대한 하나님의 관점이 7번 드러나 있습니다(1장 4, 10, 12, 18, 21, 25, 31절). 31절에서는 "하나님이 지으신 그 모든 것을 보시니 보시기에 심히 좋았더라"고 말씀합니다. 창조세계는 하나님께서 보시기에 매우 선한 모습이었습니다. 에덴동산도 마찬가지입니다. 이사야서는 하나님께서 창조하신 에덴동산이 어떠한 모습인지를 알려 줍니다.

> 3나 여호와가 시온의 모든 황폐한 곳들을 위로하여 그 사막을 에덴 같게, 그 광야를 여호와의 동산 같게 하였나니 그 가운데에 기뻐함과 즐거워함과 감사함과 창화하는 소리가 있으리라 (이사야 51장 3절)

Q 위의 구절에 따르면, 에덴동산은 어떤 모습이었습니까?

"하나님이 지으신 그 모든 것을 보시니 보시기에 심히 좋았더라(God saw all that he had made, and it was very good)"라는 구절은 하나님의 창조세계가 근원적

으로 매우 선한 세계임을 의미합니다. 31절 외에도, "하나님이 보시기에 좋았더라(God saw that it was good)"는 구절이 창세기 1장에서 6번 나옵니다. 구체적으로, 빛(4절), 땅/바다(10절), 풀/채소/나무(12절), 해/달/별들(18절), 하늘/바다의 모든 생물(21절), 땅의 모든 생물(25절)과 관련되어 있습니다. 그러므로 하나님께서 창조하신 모든 창조세계는 근원적으로 매우 선한 세계입니다.

에덴은 '여호와의 동산'으로서 그 가운데에 기뻐함과 즐거워함과 감사함과 찬양 소리가 넘치는 곳입니다. 여기에서는 하나님과 인간과의 관계, 인간과 인간과의 관계, 인간과 자연과의 관계가 아름다운 관계였습니다. 즉, 하나님의 말씀에 인간이 자유함으로 순종하고, 아담이 하와에게 "이는 내 뼈 중의 뼈요 살 중의 살이라"(창세기 2장 23절)고 고백할 정도로 서로 사랑하며, 인간이 청지기로서 에덴동산을 가꾸고 관리하는 아름다운 관계에 있었습니다.

○ 하나님께서 만드신 선한 창조세계는 하나님을 드러내고 나타냅니다.

20창세로부터 그의 보이지 아니하는 것들 곧 그의 영원하신 능력과 신성이 그가 만드신 만물에 분명히 보여 알려졌나니 그러므로 그들이 핑계하지 못할지니라 (로마서 1장 20절)

Q 위의 구절에 따르면, 창조된 피조세계는 하나님을 어떻게 드러내고 있습니까?

3 타락으로 깨어진 관계들

○ 창세기 3장에서는 선한 창조세계의 모든 아름다운 관계들이 깨어졌음을 알려 줍니다.

8그들이 그 날 바람이 불 때 동산에 거니시는 여호와 하나님의 소리를 듣고 아담과 그
의 아내가 여호와 하나님의 낯을 피하여 동산 나무 사이에 숨은지라 9여호와 하나님이
아담을 부르시며 그에게 이르시되 네가 어디 있느냐 10이르되 내가 동산에서 하나님의
소리를 듣고 내가 벗었으므로 두려워하여 숨었나이다 (창세기 3장 8–10절)

12아담이 이르되 하나님이 주셔서 나와 함께 있게 하신 여자 그가 그 나무 열매를 내게
주므로 내가 먹었나이다 13여호와 하나님이 여자에게 이르시되 네가 어찌하여 이렇게
하였느냐 여자가 이르되 뱀이 나를 꾀므로 내가 먹었나이다 (창세기 3장 12–13절)

17아담에게 이르시되 네가 네 아내의 말을 듣고 내가 네게 먹지 말라 한 나무의 열매를
먹었은즉 땅은 너로 말미암아 저주를 받고 너는 네 평생에 수고하여야 그 소산을 먹으
리라 18땅이 네게 가시덤불과 엉겅퀴를 낼 것이라 네가 먹을 것은 밭의 채소인즉 19네
가 흙으로 돌아갈 때까지 얼굴에 땀을 흘려야 먹을 것을 먹으리니 네가 그것에서 취함
을 입었음이라 너는 흙이니 흙으로 돌아갈 것이니라 하시니라 (창세기 3장 17–19절)

Q 위의 구절들에 따르면, 타락 이후의 에덴동산에서 하나님과 인간과의 관계, 인간과 인간과의 관계, 인간과 자연과의 관계가 어떻게 바뀌었습니까?

에덴동산에서의 아름다운 관계들은 타락 이후 완전히 바뀌었습니다. 인간은 하나님의 소리를 듣고도 두려움으로 하나님의 낯을 피하여 동산 나무에 숨어야 하는 관계가 되었습니다(창세기 3장 8–10절). 아담과 하와는 자신의 행위에 대해서 변명할 뿐만 아니라 남에게 책임을 전가하는 관계가 되었습니다(창세기 3장 12–13절). 그리고 인간으로 말미암아 자연은 저주를 받고 인간은 평생에 수고를 하여야 자연의 소산을 먹을 수 있는 관계로 바뀌었습니다(창세기 3장 17–19절).

○ 선한 창조세계의 모든 아름다운 관계들이 깨어지게 된 이유에 관하여 창세기 3장 1~7절에서는 다음과 같이 알려 줍니다.

1그런데 뱀은 여호와 하나님이 지으신 들짐
승 중에 가장 간교하니라 뱀이 여자에게 물
어 이르되 하나님이 참으로 너희에게 동산
모든 나무의 열매를 먹지 말라 하시더냐 2여
자가 뱀에게 말하되 동산 나무의 열매를 우
리가 먹을 수 있으나 3동산 중앙에 있는 나
무의 열매는 하나님의 말씀에 너희는 먹지
도 말고 만지지도 말라 너희가 죽을까 하노
라 하셨느니라 4뱀이 여자에게 이르되 너희
가 결코 죽지 아니하리라 5너희가 그것을 먹는 날에는 너희 눈이 밝아져 하나님과 같
이 되어 선악을 알 줄 하나님이 아심이니라 6여자가 그 나무를 본즉 먹음직도 하고 보
암직도 하고 지혜롭게 할 만큼 탐스럽기도 한 나무인지라 여자가 그 열매를 따먹고 자
기와 함께 있는 남편에게도 주매 그도 먹은지라 7이에 그들의 눈이 밝아져 자기들이
벗은 줄을 알고 무화과나무 잎을 엮어 치마로 삼았더라 (창세기 3장 1-7절)

Q 위의 구절에 따르면, 모든 아름다운 관계들이 깨어지게 된 이유는 무엇입니까?

인간의 첫 조상은 하나님의 말씀에 자유함으로 순종하는 아름다운 관계에서 뒤돌아섰습니다. 그러고는 하나님의 말씀에 불순종하여 선악을 알게 하는 나무(선악과)의 열매를 먹었습니다. 이러한 불순종에는 인간이 스스로 선악을 판단하고자 하는 교만, 하나님의 말씀을 전적으로 의지하지 못하는 불신, 그리고 모든 것을 인간중심적으로 소유하고자 하는 무한정의 탐욕이 담겨 있습니다. 이러한 모습을 성경에서는 죄성(Sin)이라고 하며, 이러한 죄성으로부터 인간의 무수한 죄악들(sins)이 드러납니다. 신학에서는 죄성을 원죄(original sin), 무수한 죄악들(sins)을 자범죄(actual sins)라고도 합니다.

타락 이후의 세계

○ 타락 이후의 인간의 모습에 관하여 골로새서 3장 5~10절에서는 "땅에 있는 지체" 또는 "옛 사람", 예베소서 4장 17~24절에서는 "이방인" 또는 "옛 사람"이라고 표현하면서 다음과 같이 묘사하고 있습니다.

> [5]그러므로 땅에 있는 지체를 죽이라 곧
> 음란과 부정과 사욕과 악한 정욕과 탐
> 심이니 탐심은 우상 숭배니라 [6]이것들로
> 말미암아 하나님의 진노가 임하느니라 [7]
> 너희도 전에 그 가운데 살 때에는 그 가
> 운데서 행하였으나 [8]이제는 너희가 이
> 모든 것을 벗어 버리라 곧 분함과 노여
> 움과 악의와 비방과 너희 입의 부끄러
> 운 말이라 [9]너희가 서로 거짓말을 하지
> 말라 옛 사람과 그 행위를 벗어 버리고
> [10]새사람을 입었으니 이는 자기를 창조하신 이의 형상을 따라 지식에까지 새롭게 하
> 심을 입은 자니라 (골로새서 3장 5-10절)

> [17]그러므로 내가 이것을 말하며 주 안에서 증언하노니 이제부터 너희는 이방인이 그
> 마음의 허망한 것으로 행함같이 행하지 말라 [18]그들의 총명이 어두워지고 그들 가운데
> 있는 무지함과 그들의 마음이 굳어짐으로 말미암아 하나님의 생명에서 떠나 있도다 [19]
> 그들이 감각 없는 자가 되어 자신을 방탕에 방임하여 모든 더러운 것을 욕심으로 행하
> 되 [20]오직 너희는 그리스도를 그같이 배우지 아니하였느니라 [21]진리가 예수 안에 있는
> 것같이 너희가 참으로 그에게서 듣고 또한 그 안에서 가르침을 받았을진대 [22]너희는
> 유혹의 욕심을 따라 썩어져 가는 구습을 따르는 옛 사람을 벗어 버리고 [23]오직 너희의
> 심령이 새롭게 되어 [24]하나님을 따라 의와 진리의 거룩함으로 지으심을 받은 새사람을
> 입으라 (에베소서 4장 17-24절)

Q 위의 구절들에 따르면, 타락 이후의 인간의 모습은 어떠합니까?

○ 타락 이후 인간 이외의 다른 피조물도 깨어진 관계들 속에 있는 상태입니다.

[19]피조물이 고대하는 바는 하나님의 아들들이 나타나는 것이니 [20]피조물이 허무한 데
굴복하는 것은 자기 뜻이 아니요 오직 굴복하게 하시는 이로 말미암음이라 [21]그 바라
는 것은 피조물도 썩어짐의 종 노릇 한 데서 해방되어 하나님의 자녀들의 영광의 자유
에 이르는 것이니라 [22]피조물이 다 이제까지 함께 탄식하며 함께 고통을 겪고 있는 것
을 우리가 아느니라 (로마서 8장 19-22절)

Q 위의 구절에 따르면, 인간 이외의 피조물이 어떤 상태에 있습니까?

적용

○ 선한 창조세계에 있었던 아름다운 관계들이 깨어진 모습들이 현대사회 속에서는 어떻게 드러나고 있습니까? 그리고 나의 삶 속에서는 어떻게 드러나고 있습니까? 하나님과 인간과의 관계, 인간과 인간과의 관계, 인간과 자연과의 관계와 관련하여 생각하면서 나누어 보세요.

MEMO

4

제4과
세계를 향한 하나님의 사랑의 마음

1 도입

○ 기도

○ 찬송 299장 “하나님 사랑은”

○ 찬송 299장의 가사처럼 하나님의 사랑은 온전한 참사랑입니다. 하나님께서 손수 창조하셨던 선한 창조세계의 모든 아름다운 관계들이 깨어졌을 때, 하나님의 사랑의 마음이 어떠했을지 묵상해 보세요.

2 애굽에서의 억압과 학대, 이로 인한 고통

○ 하나님께서 만드신 선한 창조세계에서의 아름다운 관계가 깨어진 대표적인 모습이 인간사회 안에서의 억압과 학대입니다.

8요셉을 알지 못하는 새 왕이 일어나 애굽을 다스리
더니 9그가 그 백성에게 이르되 이 백성 이스라엘
자손이 우리보다 많고 강하도다 10자, 우리가 그들
에게 대하여 지혜롭게 하자 두렵건대 그들이 더 많
게 되면 전쟁이 일어날 때에 우리 대적과 합하여 우
리와 싸우고 이 땅에서 나갈까 하노라 하고 11감독
들을 그들 위에 세우고 그들에게 무거운 짐을 지워 괴롭게 하여 그들에게 바로를 위하
여 국고성 비돔과 라암셋을 건축하게 하니라 12그러나 학대를 받을수록 더욱 번성하여
퍼져나가니 애굽 사람이 이스라엘 자손으로 말미암아 근심하여 13이스라엘 자손에게
일을 엄하게 시켜 14어려운 노동으로 그들의 생활을 괴롭게 하니 곧 흙 이기기와 벽돌
굽기와 농사의 여러 가지 일이라 그 시키는 일이 모두 엄하였더라 15애굽 왕이 히브리
산파 십브라라 하는 사람과 부아라 하는 사람에게 말하여 16이르되 너희는 히브리 여
인을 위하여 해산을 도울 때에 그 자리를 살펴서 아들이거든 그를 죽이고 딸이거든 살
려두라 (출애굽기 1장 8-16절)

Q 위의 구절에 따르면, 고대 애굽에서 억압과 학대가 어떻게 나타났습니까?

○ 인간사회에서 억압과 학대는 연약하여 억눌리고 당하는 자들에게는 극심한 고통이 됩니다.

[23]여러 해 후에 애굽 왕은 죽었고 이스라엘 자손은 고된 노동으로 말미암아 탄식하며 부르짖으니 그 고된 노동으로 말미암아 부르짖는 소리가 하나님께 상달된지라 (출애굽기 2장 23절)

Q 위의 구절에 따르면, 이스라엘 백성들은 어떤 상황에 놓여 있습니까?

3 고통 중에 있는 자들을 향한 하나님의 사랑의 마음

○ 하나님께서는 억압과 학대 속에서 고통당하는 자들을 사랑의 마음으로 지켜보고 계십니다.

[24]하나님이 그들의 고통 소리를 들으시고 하나님이 아브라함과 이삭과 야곱에게 세운
그의 언약을 기억하사 [25]하나님이 이스라엘 자손을 돌보셨고 하나님이 그들을 기억하
셨더라 (출애굽기 2장 24-25절)

[7]여호와께서 이르시되 내가 애굽에 있는 내 백성의 고통을 분명히 보고 그들이 그들의
감독자로 말미암아 부르짖음을 듣고 그 근심을 알고 [8]내가 내려가서 그들을 애굽인의
손에서 건져내고 그들을 그 땅에서 인도하여 아름답고 광대한 땅, 젖과 꿀이 흐르는
땅 곧 가나안 족속, 헷 족속, 아모리 족속, 브리스 족속, 히위 족속, 여부스 족속의 지방
에 데려가려 하노라 [9]이제 가라 이스라엘 자손의 부르짖음이 내게 달하고 애굽 사람이
그들을 괴롭히는 학대도 내가 보았으니 (출애굽기 3장 7-9절)

Q 위의 구절들에 따르면, 하나님께서는 억압과 학대 속에서 고통당하고 있는 이스라엘 백성들을 어떠한 마음으로 대하고 계십니까?

○ 이름은 그 이름을 지닌 자의 정체성(identity)을 가리킵니다. 그가 누구인지를(who), 그리고 그가 무엇을 행하는지를(what) 드러냅니다. 하나님께서는 고통 중에 있는 이스라엘 백성들을 보시면서 모세를 보내어 그들을 구원하고자 하십니다. 모세가 하나님의 부르심 앞에서 머뭇거리고 있을 때에 하나님께서는 자신의 이름을 알려 주십니다.

10이제 내가 너를 바로에게 보내어 너에게 내 백성 이
스라엘 자손을 애굽에서 인도하여 내게 하리라 11모세
가 하나님께 아뢰되 내가 누구이기에 바로에게 가며
이스라엘 자손을 애굽에서 인도하여 내리이까 12하나
님이 이르시되 내가 반드시 너와 함께 있으리라 네가
그 백성을 애굽에서 인도하여 낸 후에 너희가 이 산에
서 하나님을 섬기리니 이것이 내가 너를 보낸 증거니
라 13모세가 하나님께 아뢰되 내가 이스라엘 자손에게
가서 이르기를 너희의 조상의 하나님이 나를 너희에
게 보내셨다 하면 그들이 내게 묻기를 그의 이름이 무
엇이냐 하리니 내가 무엇이라고 그들에게 말하리이까 14하나님이 모세에게 이르시되
나는 스스로 있는 자이니라 또 이르시되 너는 이스라엘 자손에게 이같이 이르기를 **스스로 있는 자**가 나를 너희에게 보내셨다 하라 (출애굽기 3장 10–14절)

Q 위의 구절에 따르면, 하나님께서 모세에게 친히 알려 주신 하나님의 이름은 무엇이며, 이러한 이름은 출애굽기 3장의 문맥에서 구체적으로 어떤 의미를 가집니까?

"나는 스스로 있는 자"(출애굽기 3장 14절)라는 히브리어 문장은 다음과 같습니다.

"אֶהְיֶה אֲשֶׁר אֶהְיֶה"('에흐예 아쉐르 에흐예'라고 읽음)

이 문장의 첫 번째와 세 번째 단어에서 야훼(Yahweh) 또는 여호와(Jehovah)라는 이름이 유래합니다. 즉, 이 문장의 첫 번째와 세 번째 단어의 어근에서 신성4문자 יהוה (YHWH)가 나왔으며, 이를 야훼 또는 여호와라고 발음합니다. 그러기에 "나는 스스로 있는 자"는 구약에서 하나님의 정체성을 드러내는 말입니다. 구약에서는 하나님의 이름을 함부로 부르지 않고 경건한 자세로 대하고자 야훼 또는 여호와라고 발음하지 않고 "아도나이(주님이라는 뜻)"로 발음하였습니다.

그렇다면, "나는 스스로 있는 자"는 무슨 의미입니까? 영어성경에서는 "I AM WHO I AM" 또는 "I WILL BE THAT I WILL BE"로 번역되어 있습니다. 이 말은 하나님께서 그저 가만히 계신다는 뜻이 아니라, 하나님께서 뜻하시고 의지하시는 바대로 반드시 행하시고 성취하시는 분임을 의미합니다. 즉, 하나님께서는 고통 중에 있는 백성을 반드시 이끌어 내어 자유롭게 하실 분임을 모세에게, 그리고 모세를 통하여 백성에게 확실히 알려 주고 있습니다.

4 출애굽 이후의 계획에서 드러난 하나님의 사랑의 마음

○ **하나님의 사랑의 마음은 출애굽 자체에만 한정되지 않습니다. 하나님께는 그 너머의 궁극적인 뜻과 계획이 있습니다. 이는 구약의 출애굽기 6장 2~7절과 출애굽기 19장 5~6절에서 분명하게 드러나 있습니다.**

2하나님이 모세에게 말씀하여 이르시되 나는 여호와이니라 3내가 아브라함과 이삭과
야곱에게 전능의 하나님으로 나타났으나 나의 이름을 여호와로는 그들에게 알리지 아
니하였고 4가나안 땅 곧 그들이 거류하는 땅을 그들에게 주기로 그들과 언약하였더니
5이제 애굽 사람이 종으로 삼은 이스라엘 자손의 신음 소리를 내가 듣고 나의 언약을
기억하노라 6그러므로 이스라엘 자손에게 말하기를 나는 여호와라 내가 애굽 사람의
무거운 짐 밑에서 너희를 빼내며 그들의 노역에서 너희를 건지며 편 팔과 여러 큰 심
판들로써 너희를 속량하여 7**너희를 내 백성으로 삼고 나는 너희의 하나님이 되리니** 나
는 애굽 사람의 무거운 짐 밑에서 너희를 빼낸 너희의 하나님 여호와인 줄 너희가 알
지라 (출애굽기 6장 2–7절)

[5]세계가 다 내게 속하였나니 너희가 내 말을 잘 듣고 내 언약을 지키면 너희는 모든 민족 중에서 **내 소유가 되겠고** [6]**너희가 내게 대하여 제사장 나라가 되며 거룩한 백성이 되리라** 너는 이 말을 이스라엘 자손에게 전할지니라 (출애굽기 19장 5-6절)

Q 위의 구절들에 따르면, 하나님의 마음의 궁극적인 뜻과 계획과 목적은 무엇입니까?

"너희는 내 백성이 되겠고 나는 너희들의 하나님이 되리라(You will be my people, and I will be your God)!"는 구절은 구약의 많은 곳에 반복되어 있고 신약에도 반영되어 있습니다.

【구약】

- 출애굽기 6 : 6-7, 19 : 5-6
- 레위기 18 : 4-5, 19 : 3-4, 10, 25, 31, 34, 36, 20 : 7
- 예레미야 7 : 23, 11 : 4, 30 : 22, 31 : 33, 32 : 38
- 에스겔 11 : 20, 36 : 28

【신약】

- 에베소서 2 : 19-22 "…… 이제부터 너희는 외인도 아니요 나그네도 아니요 …… 오직 성도들과 동일한 시민이요 하나님의 권속이라 ……"
- 베드로전서 2 : 9-10 "…… 너희는 택하신 족속이요 왕 같은 제사장들이요 거룩한 나라요 그의 소유가 된 백성이니…… 너희가 전에는 백성이 아니더니 이제는 하나님의 백성이요 전에는 긍휼을 얻지 못하였더니 이제는 긍휼을 얻은 자니라"
- 요한계시록 21 : 1-7 "…… 하나님이 그들과 함께 계시리니 그들은 하나님의 백성이 되고 하나님은 친히 그들과 함께 계셔서…… 나는 그의 하나님이 되고 그는 내 아들이 되리라"

○ 출애굽 이후 하나님께서는 시내산에서 이스라엘 백성에게 '율법'을 주셨습니다. 출애굽기 20장 1~17절에 십계명이 기록되어 있습니다. 1~2절은 십계명 서론, 3~11절은 하나님과 관련된 네 계명들, 12~17절은 인간사회와 관련된 여섯 계명들입니다.

[1]하나님이 이 모든 말씀으로 말씀하여 이르시되 [2]나는 너를 애굽 땅, 종 되었던 집에
서 인도하여 낸 네 하나님 여호와니라 [3]너는 나 외에는 다른 신들을 네게 두지 말라
[4]너를 위하여 새긴 우상을 만들지 말고 …… [7]너는 네 하나님 여호와의 이름을 망령
되게 부르지 말라 …… [8]안식일을 기억하여 거룩하게 지키라 …… [12]네 부모를 공경
하라 …… [13]살인하지 말라 [14]간음하지 말라 [15]도둑질하지 말라 [16]네 이웃에 대하여
거짓 증거하지 말라 …… [17]네 이웃의 집을 탐내지 말라 (출애굽기 20장 1-17절)

Q 하나님께서 출애굽 이후 이스라엘 백성에게 '율법'을 주신 목적은 무엇입니까?

하나님께서 출애굽 이후 이스라엘 백성에게 '율법'을 주신 목적은 분명합니다. 하나님의 사랑의 마음은 억압과 학대 속에서 고통을 당하는 자들을 자유하게 하시고, 그들을 하나님의 백성으로 삼으실 뿐만 아니라, 더 나아가서 이제 하나님의 백성답게 살아갈 수 있도록 훈련하시고 인도하십니다. 이러한 목적으로 하나님께서는 출애굽 이후 이스라엘 백성에게 '율법'을 주셨습니다.

율법을 주신 목적은 율법주의도 아니고 율법폐기주의도 아닙니다. 율법주의는 인간이 율법을 지키는 행위를 통하여 의를 성취한다는 주장이고, 율법폐기주의는 믿음의 삶에서 율법이 전혀 필요하지 않다는 주장입니다.

칼뱅에 따르면, 율법에는 3가지 용법 또는 기능이 있는데, ① 신학적 용법, ② 시민적 용법, ③ 제3용법입니다. 신학적 용법은 인간으로 하여금 죄를 깨닫게 하여 하나님을 갈망하게 하는 것이고, 시민적 용법은 사회의 질서를 유지하기 위한 것이며, 칼뱅이 강조하는 제3용법은 믿음으로 구원받은 자가 어떻게 하나님을 기쁘시게 할 것인가에 관한 것입니다. 제3용법은 그리스도인의 믿음의 삶 또는 성화와 관련이 있습니다.

그러므로 십계명의 목적은 단지 하나님의 백성을 처벌하거나 징벌하는 것에 있지 않고, 하나님의 백성으로 살아가게 하여 하나님을 기쁘시게 하는 것에 있습니다.

적용

○ 영락교회를 세우고 목회하였던 **한경직 목사**(1902–2000)는 하나님의 사랑을 깊이 느끼고 체험하였던 믿음의 사람이었습니다. 그는 1925년 숭실대학을 졸업하고 방위량 선교사와 윤치호 선생의 도움을 받아 미국으로 유학을 떠났습니다. 처음에는 캔자스 주에 있는 엠포리아 대학교로 가서 철학과 심리학을 공부하였고, 1926년에 1년 과정을 수료하였습니다. 그리고 1926~1929년에는 뉴저지 주의 프린스턴 신학교로 가서 신학을 공부하였습니다. 1929년 프린스턴 신학교를 졸업하고 교회사를 공부하기 위해 예일 대학교 박사과정에 진학할 준비를 하던 중 신체검사에서 전혀 예상치 못한 폐결핵이라는 진단을 받았습니다. 당시의 상황에서는 사망선고와 같은 충격적인 소식이었습니다. 미국의 교인들의 도움을 받아서 그는 뉴멕시코 주 앨버커키에 있는 장로교 요양원과 콜로라도 주 덴버에서 요양을 하였습니다. 요양을 하는 중 그는 슬프고 외로워서 눈물로 침상을 적시곤 하였습니다. 또한, 자신의 일생을 아무도 모르는 외로운 곳에서 마칠지도 모르는 암울한 미래로 인하여 우울증에 빠져들곤 하였습니다. 그러나 다른 한편으로는 하나님의 일을 하겠다고 신학교에 갔지만 돌아보니 자신의 죄가 참으로 많았음을 발견하고 하나님께 감사의 고백을 드렸습니다. 그리고 더 온전히 자신의 몸을 하나님께 맡기기로 결단하였습니다. 이때의 시간을 되돌아보며 그는 다음과 같이 고백하였습니다.

> 한편으로는 살든지 죽든지 몸과 마음을 온전히 하나님께 맡기기 위해 힘썼다. 그러면서 하나님의 뜻이면 앞으로 일할 기회를 주시기를 간구하였다. 처음에는 3년간만이라도 일할 수 있는 기회를 달라고 기도했으나 나중에는 그때까지 공부한 횟수가 17년이니 17년간 일할 수 있는 기회를 달라고 기도했다. …… 지금 돌이켜 생각해 보면 내가 앓은 중병도 하나님의 사랑의 결과임을 깨닫는다. 실로 하나님은 은혜로우시고 자비로우시고 그 긍휼이 충만하심을 찬송할 수밖에 없다. 나를 좀 더 깨끗이 씻어 주시고자, 신앙의 바른 길을 깨우쳐 주시고자, 그리고 지식의 범위를 넓혀 주시고자 한 하나님의 사랑의 선물인 것이다. (한경직, 「나의 감사 – 한경직 구술 자서전」〈서울 : 두란노, 2010〉, 189–191쪽)

Q 나의 삶 속에서 하나님의 사랑의 마음을 느끼고 경험한 적이 있다면 언제, 어떤 상황에서였는지 함께 나누어 보세요.

5

제5과

하나님의 사랑의 최고의 표현
–독생자 예수 그리스도

1 도입

○ 기도

○ 찬송 304장 “그 크신 하나님의 사랑”

○ 하나님의 사랑이 온전한 참사랑이고 크신 사랑이라면, 모든 아름다운 관계들이 깨어진 창조세계에 대하여 하나님께서 어떠한 마음을 가지고 계실지 묵상해 보세요.

2 하나님의 사랑의 최고의 표현

○ 세계를 향한 하나님의 사랑의 마음은 계속되고 있습니다. “하나님은 모든 사람이 구원을 받으며 진리를 아는 데에 이르기를 원하시느니라”(디모데전서 2장 4절). 그래서 요한복음 3장과 요한일서 4장에서는 세계를 향한 하나님의 사랑의 마음이 다음과 같이 최고로 표현되었습니다.

> 16하나님이 세상을 이처럼 사랑하사 독생자를 주셨으니 이는 그를 믿는 자마다 멸망하
> 지 않고 영생을 얻게 하려 하심이라 17하나님이 그 아들을 세상에 보내신 것은 세상을
> 심판하려 하심이 아니요 그로 말미암아 세상이 구원을 받게 하려 하심이라 (요한복음
> 3장 16－17절)

> 7사랑하는 자들아 우리가 서로 사랑하자 사랑은 하나님께 속한 것이니 사랑하는 자마
> 다 하나님으로부터 나서 하나님을 알고 8사랑하지 아니하는 자는 하나님을 알지 못하
> 나니 이는 하나님은 사랑이심이라 9하나님의 사랑이 우리에게 이렇게 나타난 바 되었
> 으니 하나님이 자기의 독생자를 세상에 보내심은 그로 말미암아 우리를 살리려 하심
> 이라 10사랑은 여기 있으니 우리가 하나님을 사랑한 것이 아니요 하나님이 우리를 사
> 랑하사 우리 죄를 속하기 위하여 화목제물로 그 아들을 보내셨음이라 (요한일서 4장 7
> －10절)

Q 위의 구절들에 따르면, 하나님의 사랑의 마음이 어떻게 최고로 표현되었고, 그 목적은 무엇입니까?

○ 최고로 표현된 하나님의 사랑으로서 예수 그리스도는 많은 사람을 위한 대속물이 되셨고, 이것은 십자가 위에서 성취되었습니다. "인자가 온 것은 섬김을 받으려 함이 아니라 도리어 섬기려 하고 자기 목숨을 많은 사람의 대속물로 주려 함이니라"(마가복음 10장 45절). 그러기에 그리스도인에게는 예수 그리스도의 십자가가 최고로 중요합니다. 그리스도인의 자랑은 오직 예수 그리스도의 십자가일 수밖에 없습니다.

14그러나 내게는 우리 주 예수 그리스도의 십자가 외에 결코 자랑할 것이 없으니 그리스도로 말미암아 세상이 나를 대하여 십자가에 못 박히고 내가 또한 세상을 대하여 그러하니라 (갈라디아서 6장 14절)

Q 위의 바울의 고백처럼, 우리에게도 그리스도의 십자가가 최고의 자랑이 되고 있습니까?

---

3 예수 그리스도와의 만남의 이야기들

○ 누가복음 19장 1~10절에는 당시 '죄인'이라고 취급받던 삭개오와 예수님과의 만남이 기록되어 있습니다.

1예수께서 여리고로 들어가 지나가시더
라 2삭개오라 이름하는 자가 있으니 세리
장이요 또한 부자라 3그가 예수께서 어떠
한 사람인가 하여 보고자 하되 키가 작
고 사람이 많아 할 수 없어 4앞으로 달려
가서 보기 위하여 돌무화과나무에 올라
가니 이는 예수께서 그리로 지나가시게
됨이러라 5예수께서 그 곳에 이르사 쳐
다 보시고 이르시되 삭개오야 속히 내려
오라 내가 오늘 네 집에 유하여야 하겠
다 하시니 6급히 내려와 즐거워하며 영접
하거늘 7뭇 사람이 보고 수군거려 이르되 저가 죄인의 집에 유하러 들어갔도다 하더라
8삭개오가 서서 주께 여짜오되 주여 보시옵소서 내 소유의 절반을 가난한 자들에게 주

겠사오며 만일 누구의 것을 속여 빼앗은 일이 있으면 네 갑절이나 갚겠나이다 [9]예수께서 이르시되 오늘 구원이 이 집에 이르렀으니 이 사람도 아브라함의 자손임이로다 [10]인자가 온 것은 잃어버린 자를 찾아 구원하려 함이니라 (누가복음 19장 1–10절)

Q '죄인'이라고 취급받던 삭개오가 예수님과의 만남을 통하여 어떻게 변화되었습니까?

○ **요한복음 21장 15~19절에는 주님을 배반하였던 제자 베드로에게 예수님이 찾아오셔서 그의 실패한 믿음의 삶을 새롭게 회복시켜 주는 이야기가 기록되어 있습니다.**

[15]그들이 조반 먹은 후에 예수께서 시몬 베드로에게 이르시되 요한의 아들 시몬아 네가 이 사람들보다 나를 더 사랑하느냐 하시니 이르되 주님 그러하나이다 내가 주님을 사랑하는 줄 주님께서 아시나이다 이르시되 내 어린 양을 먹이라 하시고 [16]또 두 번째 이르시되 요한의 아들 시몬아 네가 나를 사랑하느냐 하시니 이르되 주님 그러하나이다 내가 주님을 사랑하는 줄 주님께서 아시나이다 이르시되 내 양을 치라 하시고 [17]세 번째 이르시되 요한의 아들 시몬아 네가 나를 사랑하느냐 하시니 주께서 세 번째 네가 나를 사랑하느냐 하시므로 베드로가 근심하여 이르되 주님 모든 것을 아시오매 내가 주님을 사랑하는 줄을 주님께서 아시나이다 예수께서 이르시되 내 양을 먹이라 [18]내가 진실로 진실로 네게 이르노니 네가 젊어서는 스스로 띠 띠고 원하는 곳으로 다녔거니와 늙어서는 네 팔을 벌리리니 남이 네게 띠 띠우고 원하지 아니하는 곳으로 데려가리라 [19]이 말씀을 하심은 베드로가 어떠한 죽음으로 하나님께 영광을 돌릴 것을 가리키심이러라 이 말씀을 하시고 베드로에게 이르시되 나를 따르라 하시니 (요한복음 21장 15–19절)

Q 주님을 배반하였던 베드로의 실패한 믿음의 삶을 예수님은 어떠한 과정을 통하여 회복시켜 주셨습니까?

---

4 예수님은 누구이신가?

○ 요한복음 4장에는 예수님이 사마리아로 가셔서 여인과 만나 대화하는 장면이 있습니다. 예수님과의 만남과 대화를 통하여 사마리아 여인은 마음의 상처가 치유되었고 새롭게 회복되었습니다.

3유대를 떠나사 다시 갈릴리로 가실새 4사
마리아를 통과하여야 하겠는지라 5사마
리아에 있는 수가라 하는 동네에 이르시
니 야곱이 그 아들 요셉에게 준 땅이 가깝
고 6거기 또 야곱의 우물이 있더라 예수께
서 길 가시다가 피곤하여 우물 곁에 그대
로 앉으시니 때가 여섯 시쯤 되었더라 7사
마리아 여자 한 사람이 물을 길으러 왔으
매 …… 25여자가 이르되 메시야 곧 그리
스도라 하는 이가 오실 줄을 내가 아노니 그가 오시면 모든 것을 우리에게 알려 주시
리이다 26예수께서 이르시되 네게 말하는 내가 그라 하시니라 27이 때에 제자들이 돌아
와서 예수께서 여자와 말씀하시는 것을 이상히 여겼으나 무엇을 구하시나이까 어찌하
여 그와 말씀하시나이까 묻는 자가 없더라 28여자가 물동이를 버려 두고 동네로 들어
가서 사람들에게 이르되 29내가 행한 모든 일을 내게 말한 사람을 와서 보라 이는 그리
스도가 아니냐 하니 30그들이 동네에서 나와 예수께로 오더라 (요한복음 4장 3–30절)

Q 예수님과의 만남을 통하여 변화된 사마리아 여인은 29절에서 예수님을 어떻게 인식하고 선포하고 있습니까?

○ 의심이 많았던 제자 도마는 부활하신 예수님과의 만남을 통하여 믿음의 변화를 경험하였습니다.

24열두 제자 중의 하나로서 디두모라 불리는 도마는 예수께서 오셨을 때에 함께 있
지 아니한지라 25다른 제자들이 그에게 이르되 우리가 주를 보았노라 하니 도마가
이르되 내가 그의 손의 못 자국을 보며 내 손가락을 그 못 자국에 넣으며 내 손을 그
옆구리에 넣어 보지 않고는 믿지 아니하겠노라 하니라 26여드레를 지나서 제자들이

다시 집 안에 있을 때에 도마도 함께 있
고 문들이 닫혔는데 예수께서 오사 가운
데 서서 이르시되 너희에게 평강이 있을
지어다 하시고 27도마에게 이르시되 네
손가락을 이리 내밀어 내 손을 보고 네
손을 내밀어 내 옆구리에 넣어 보라 그
리하여 믿음 없는 자가 되지 말고 믿는
자가 되라 28도마가 대답하여 이르되 나
의 주님이시요 나의 하나님이시니이다
29예수께서 이르시되 너는 나를 본 고로
믿느냐 보지 못하고 믿는 자들은 복되도
다 하시니라 (요한복음 20장 24-29절)

Q 의심 많은 제자 도마는 부활하신 예수님과의 만남 이후에 28절에서 예수님을 어떻게 인식하고 고백하고 있습니까?

○ 신약에서 제자들과 사도들은 예수님과의 만남을 통하여 예수님이 누구이신지를 분명하게 인식하고, 고백하며, 선포하였습니다. 그 핵심은 "**예수 = 그리스도 = 하나님의 아들 = 하나님**"입니다. 초대교회 카타콤(지하공동묘지)에서의 암호는 "익투스(ΙΧΘΥΣ, ιχθυs)"였습니다. 이 암호는 "예수스 크리스토스 테우 휘오스 소테르(예수 그리스도 하나님의 아들 구주)"의 각 단어들의 첫 글자를 모아서 만든 단어로서 '물고기'라는 뜻을 지닙니다.

Ιησους (예수스, 예수) + Χριστος (크리스토스, 그리스도)
+ Θεου (테우, 하나님의) + Υιος (휘오스, 아들) + Σωτηρ (소테르, 구주)

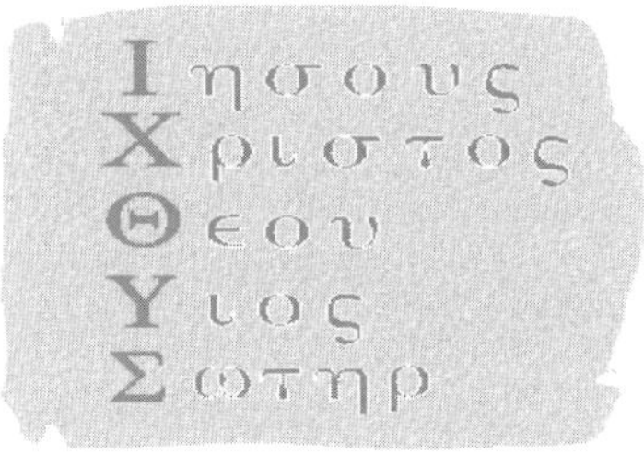

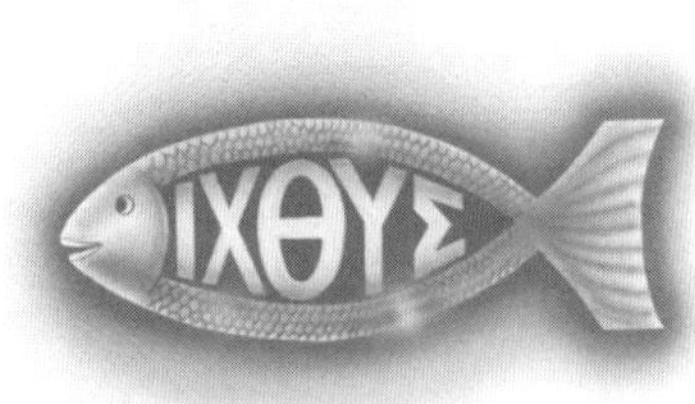

특히, "예수 그리스도(Jesus Christ)"라는 이름은 "예수가 그리스도이시다(Jesus is Christ)"라는 가장 함축적인 신앙고백입니다. 그리스도(그리스어/헬라어/희랍어) 또는 메시아(히브리어)는 "기름 부음을 받은 자"라는 뜻입니다. 장 칼뱅(존 칼빈)은 예수 그리스도가 예언자, 제사장, 왕이라는 3중직을 지니고 있음을 강조하여 "**예수 그리스도의 3중직**"이라고 하였습니다. 그는 이렇게 설명합니다. "예수님은 예언자로서 우리에게 하나님의 말씀을 전하시되 자신이 하나님의 말씀이시다. 예수님은 제사장으로서 우리의 죄를 사하기 위하여 제사를 드리시되, 자신을 희생 제물로 삼아 드리신다. 예수님은 왕으로서 우리의 삶을 다스리신다."

예수 그리스도가 누구이신지를 보여 주는 대표적인 성경구절들은 다음과 같습니다.

－마태복음 16 : 16 "…… 주는 그리스도시요 살아 계신 하나님의 아들이시니이다"
－마가복음 1 : 1 "하나님의 아들 예수 그리스도의 복음의 시작이라"
3 : 11 "귀신들도 …… "당신은 하나님의 아들이니이다 하니"
8 : 29, 14 : 61－62, 15 : 32, 15 : 39
－누가복음 4 : 41 "하나님의 아들…… 그리스도"
9 : 20
－요한복음 5 : 17－18 "예수께서 그들에게 이르시되 내 아버지께서 이제까지 일하시니 나도 일한다 하시매 유대인들이 이로 말미암아 더욱 예수를 죽이고자 하니 이는 안식일을 범할 뿐만 아니라 하나님을 자기의 친아버지라 하여 **자기를 하나님과 동등으로 삼으심**이러라"
6 : 68－69
20 : 31 "오직 이것을 기록함은 너희로 예수께서 하나님의 아들 그리스도이심을 믿게 하려 함이요 또 너희로 믿고 그 이름을 힘입어 생명을 얻게 하려 함이니라"
－사도행전 2 : 36 "…… 너희가 십자가에 못 박은 이 예수를 하나님이 주와 그리스도가 되게 하셨느니라 ……"
3 : 20 "그리스도 곧 예수"
5 : 42 "예수는 그리스도라고 가르치기와 전도하기를 ……"
9 : 20-22 "…… 예수가 하나님의 아들이심을 전파하니 …… 예수를

그리스도라 증언하여 다메섹에 사는 유대인들을 당혹하게 하니라"
17 : 3 "…… 내가 너희에게 전하는 이 예수가 곧 그리스도라 하니"
18 : 5 "…… 바울이 …… 유대인들에게 예수는 그리스도라 밝히 증언하니"
18 : 28 "이는 성경으로써 예수는 그리스도라고 증언하여 ……"
28 : 31 "하나님의 나라를 전파하며 주 예수 그리스도에 관한 모든 것을 담대하게 거침없이 가르치더라"

– 로마서 1 : 4 "성결의 영으로는 죽은 자들 가운데서 부활하사 능력으로 하나님의 아들로 선포되셨으니 곧 우리 주 예수 그리스도시니라"
– 고린도후서 1 : 19 "…… 너희 가운데 전파된 하나님의 아들 예수 그리스도는 ……"

적용

○ **한국교회사에는 예수 그리스도를 만나 주로 믿고, 고백하며 살았던 믿음의 사람들이 많이 있습니다. 그중 백인숙 전도사의 이야기는 예수 그리스도를 따르는 신실한 믿음의 삶을 증거합니다.**

백인숙 전도사(1917–1950)는 1917년 평안북도 신의주에서 태어나 안동중학교를 다니면서 마전교회에서 믿음을 키웠습니다. "죽어도 예수를 믿겠느냐?" 공산당의 추상같은 질문에 백인숙은 조용히 미소를 삼켰습니다. "예수를 위해 죽을 수 있다면 오히려 광영이겠습니다." 공산당의 얼굴은 이내 일그러졌습니다. "이년을 저 흙구덩이 속에 처넣어!" 백인숙은 몇 사람의 청년들에 이끌리어 흙구덩이 속에 처박혀졌습니다. "흙으로 묻어!" 흙을 뜨는 삽 소리만 고요한 정적을 깼습니다. 34세의 동정 전도사 백인숙은 그렇게 예수를 위해 생매장되어 순교의 길로 달려갔습니다.
"여자는 좋은 남자 만나야 해. 시집가거라." 과년한 딸이 시집가서 잘살아 주기를 바란 부모님들의 바람에도 백인숙은 까딱도 하지 않았습니다. "싫습니다. 저는 시집가지 않고 예수만 섬기겠습니다." 부모들은 펄펄 뛰며 금족령을 내리고 학교를 중퇴시켰습니다. 금족령에 얽매여 집에 감금당해 있을 수 없었던 그는 그길로 집을 나와 평양여자신학교를 졸업하고 일본에 가서 1919년에 일본 요코하마 신학교를 졸업하고 돌아와 주기철 목사가 시무하는 산정현교회 여전도사가 되었습니다. 주기철 목사와 같이 신사참배를 반대하다가 경찰에 끌려가 수감되고 2개월 만에 출옥하는 등 교인들을 격려하며 그는 차라리 옥중에서 죽기를 바랐지만 여러 번 끌려가도 번번이 몇 달이 안 되어 풀려났습니다. …… 1944년 4월 21일 그가 믿고 존경하던 주기철 목사가 죽어 장례를 치르게 되었습니다. …… 이후 공산화된 산정현교회 전도사로 재직하면서 그는 김철훈, 정일선 두 목사의 순교를 직접 목격했습니다. 백인숙은 1950년 6월 20일 공산당에 체포되어 생매장되어 순교하였습니다. (한국교회순교자기념사업회, "백인숙 전도사," http : //www.kcmma.org)

Q 예수 그리스도를 만나 주로 믿고, 고백하며 살았던 백인숙 전도사의 이야기를 읽고 난 뒤, 예수 그리스도를 따르는 우리 믿음의 삶의 자세는 어떠해야 할지 생각해 봅시다.

MEMO

6

제6과
하나님의 사랑을 어떻게 누릴 수 있는가?

도입

○ 기도

○ 찬송 539장 "너 예수께 조용히 나가"

○ 하나님의 사랑이 우리에게 주어진다면 우리는 그 사랑을 받아들여야 합니다. 그 사랑에 감격하여 마음을 열고 전인격적으로 받아들여야 합니다. 하나님의 사랑을 받아들이는 것을 성경에서는 '믿음(faith)'이라고 합니다. 믿음은 하나님의 선물입니다. 성경에서 의미하는 믿음이 무엇인지 묵상해 보세요.

작은 믿음—큰 믿음

○ 각 사람의 믿음을 객관적으로 수치화할 수는 없지만, 성경의 이야기들에 따르면 '작은 믿음(little faith)'과 '큰 믿음(great faith)'은 구별될 수 있습니다. 마태복음 14장 22~33절에서는 베드로의 작은 믿음의 모습이 나타납니다.

[22]예수께서 즉시 제자들을 재촉하사
자기가 무리를 보내는 동안에 배를
타고 앞서 건너편으로 가게 하시고
[23]무리를 보내신 후에 기도하러 따
로 산에 올라가시니라 저물매 거기
혼자 계시더니 [24]배가 이미 육지에
서 수 리나 떠나서 바람이 거스르므
로 물결로 말미암아 고난을 당하더
라 [25]밤 사경에 예수께서 바다 위로
걸어서 제자들에게 오시니 [26]제자들
이 그가 바다 위로 걸어오심을 보고 놀라 유령이라 하며 무서워하여 소리 지르거늘 [27]
예수께서 즉시 이르시되 안심하라 나니 두려워하지 말라 [28]베드로가 대답하여 이르되
주여 만일 주님이시거든 나를 명하사 물 위로 오라 하소서 하니 [29]오라 하시니 베드로
가 배에서 내려 물 위로 걸어서 예수께로 가되 [30]바람을 보고 무서워 빠져 가는지라 소
리 질러 이르되 주여 나를 구원하소서 하니 [31]예수께서 즉시 손을 내밀어 그를 붙잡으
시며 이르시되 믿음이 작은 자여 왜 의심하였느냐 하시고 [32]배에 함께 오르매 바람이

그치는지라 33배에 있는 사람들이 예수께 절하며 이르되 진실로 하나님의 아들이로소
이다 하더라 (마태복음 14장 22–33절)

Q 31절에서 예수님은 베드로에게 "믿음이 작은 자여(You of little faith)"라고 말씀하셨습니다. 믿음이 작은 자의 모습은 어떤 모습입니까?

○ 마태복음 8장 5~13절에는 가버나움 백부장의 큰 믿음의 모습이 나타납니다.

5예수께서 가버나움에 들어가시니 한 백
부장이 나아와 간구하여 6이르되 주여 내
하인이 중풍병으로 집에 누워 몹시 괴로
워하나이다 7이르시되 내가 가서 고쳐 주
리라 8백부장이 대답하여 이르되 주여 내
집에 들어오심을 나는 감당하지 못하겠사
오니 다만 말씀으로만 하옵소서 그러면
내 하인이 낫겠사옵나이다 9나도 남의 수
하에 있는 사람이요 내 아래에도 군사가
있으니 이더러 가라 하면 가고 저더러 오
라 하면 오고 내 종더러 이것을 하라 하면 하나이다 10예수께서 들으시고 놀랍게 여겨
따르는 자들에게 이르시되 내가 진실로 너희에게 이르노니 이스라엘 중 아무에게서도
이만한 믿음을 보지 못하였노라 11또 너희에게 이르노니 동 서로부터 많은 사람이 이
르러 아브라함과 이삭과 야곱과 함께 천국에 앉으려니와 12그 나라의 본 자손들은 바
깥 어두운 데 쫓겨나 거기서 울며 이를 갈게 되리라 13예수께서 백부장에게 이르시되
가라 네 믿은 대로 될지어다 하시니 그 즉시 하인이 나으니라 (마태복음 8장 5–13절)

Q 10절에서 예수님은 가버나움의 한 백부장을 가리키면서 "이스라엘 중 아무에게서도 이만한 믿음(such great faith)을 보지 못하였노라"고 말씀하셨습니다. 본문에서 이만한 믿음을 가진 자의 모습은 어떤 모습입니까?

---

3 믿음의 본질

○ 히브리서 11장은 '믿음장'이라고 불립니다. 1~3절에서는 믿음이 무엇인지를 정의하고, 4~40절에서는 믿음의 조상들의 모습들을 예시로 제시하고 있습니다.

[1]믿음은 바라는 것들의 실상이요 보이지 않는 것들의 증거니 [2]선진들이 이로써 증거를 얻었느니라 [3]믿음으로 모든 세계가 하나님의 말씀으로 지어진 줄을 우리가 아나니 보이는 것은 나타난 것으로 말미암아 된 것이 아니니라 (히브리서 11장 1–3절)

Q 위의 구절에 따르면, 믿음의 본질은 무엇이며 믿음은 어떤 역할을 합니까?

[8]믿음으로 아브라함은 부르심을 받았을 때에 순종하여 장래의 유업으로 받을 땅에 나아갈새 갈 바를 알지 못하고 나아갔으며 [9]믿음으로 그가 이방의 땅에 있는 것 같이 약속의 땅에 거류하여 동일한 약속을 유업으로 함께 받은 이삭 및 야곱과 더불어 장막에 거하였으니 [10]이는 그가 하나님이 계획하시고 지으실 터가 있는 성을 바랐음이라 (히브리서 11장 8–10절)

Q 위의 구절에 따르면, 믿음의 선진들 중 아브라함의 믿음의 모습들은 어떠했습니까?

4 믿음의 응답

○ 믿음(faith)의 핵심적인 요소는 "자신을 –에 맡김/의지함/헌신함/신뢰함"입니다. 히브리서 12장 1~2절에서는 이러한 믿음의 핵심을 정확하게 알려 주고 있습니다.

[1]이러므로 우리에게 구름 같이 둘러싼 허다한 증인들이 있으니 모든 무거운 것과 얽매

이기 쉬운 죄를 벗어 버리고 인내로써 우리 앞에 당한 경주를
하며 [2]믿음의 주요 또 온전하게 하시는 이인 예수를 바라보
자 그는 그 앞에 있는 기쁨을 위하여 십자가를 참으사 부끄러
움을 개의치 아니하시더니 하나님 보좌 우편에 앉으셨느니라
(히브리서 12장 1–2절)

Q 위의 구절에 따르면, 믿음의 핵심은 무엇이며, 믿음과 예수님은 어떤 관계입니까?

믿음(faith)을 가리키는 그리스어는 피스티스(πίστις)이며, 라틴어로는 피데스(fides), 피두키아(fiducia), 크레도(credo)로서 "자신을 −에 맡김/의지함/헌신함/신뢰함"이라는 의미입니다. 히브리어로는 에무나(אֱמוּנָה)로서 꾸준함(steadiness), 확고함(firmness), 신뢰함(reliability), 정직함(honesty)이라는 의미입니다.

○ **요한1서 4장 9~10, 15절과 로마서 10장 9~10절에서는 우리에게 나타난 하나님의 사랑에 대하여 믿음으로 어떻게 응답해야 하는지를 구체적으로 알려 주고 있습니다.**

[9]하나님의 사랑이 우리에게 이렇게 나타난 바 되었으니 하나님이 자기의 독생자를
세상에 보내심은 그로 말미암아 우리를 살리려 하심이라 [10]사랑은 여기 있으니 우리
가 하나님을 사랑한 것이 아니요 하나님이 우리를 사랑하사 우리 죄를 속하기 위하
여 화목제물로 그 아들을 보내셨음이라…… [15]누구든지 예수를 하나님의 아들이라
시인하면 하나님이 그의 안에 거하시고 그도 하나님 안에 거하느니라 (요한1서 4장
9–10, 15절)

[9]네가 만일 네 입으로 예수를 주로 시인하며 또 하나님께서 그를 죽은 자 가운데서
살리신 것을 네 마음에 믿으면 구원을 받으리라 [10]사람이 마음으로 믿어 의에 이르
고 입으로 시인하여 구원에 이르느니라 (로마서 10장 9–10절)

Q 위의 구절들에 따르면, 우리에게 나타난 하나님의 사랑을 받아들이려면 우리는 어떻게 해야 합니까?

믿음의 응답에서 성령의 역할이 중요합니다. 성령은 "하나님의 영"(창세기 1장 2절, 로마서 8장 9–10절), "주의 영"(고린도후서 3장 17절, 사도행전 5장 9절), "그리스도의 영"(로마서 8장 9–10절), "진리의 영"(요한복음 14장 17절, 15장 26절, 16장 13절), "생명의 성령"(로마서 8장 1–2절), "양자의 영"(로마서 8장 14–17절), "약속의 성령/인치심(Seal)/보증(Deposit/Guarantee)"(에베소서 1장 13–14절) 등으로 불립니다. 가장 중요한 이름은 "또 다른 보혜사(保惠師)/대언자"(ἄλλος παράκλητος 〈알로스 파라클레토스〉)로서 "옆에서 함께 도우시는 분"이라는 뜻을 지니며 훈위사(訓慰師), 위로자, 상담자, 대언자, 변호자(요한복음 14장 16, 26절, 15장 26절, 16장 7–8, 13절 ; 요한1서 2장 1절) 등으로 번역됩니다.

성령은 창조세계 위에 운행하시며, 만물 속에서 활동하시고, 우주를 새롭게 하시는 영이시며, 세계의 역사를 움직이시는 분입니다. 이러한 성령은 그리스도인의 믿음의 삶과 관련하여 성령의 충만함을 받도록 하며, 성령을 따르는 영성(spirituality)의 삶을 살도록 하고, 하나님의 자녀와 상속자가 되게 하고 증언하며, 그리스도인의 연약함을 돕고 자유하게 하십니다. 무엇보다 성령은 그리스도인에게 예수님과 그의 말씀을 가르쳐 주고 깨닫게 함으로써, 그리스도인의 믿음을 일깨우며 그 믿음을 확고하게 하십니다.

적용

○ 한국교회사에서 **엄귀현 영수**의 믿음의 모습은 아름다운 이야기로 전해지고 있습니다. 봉화현교회(오늘날 서울 경동제일교회)에 다녔던 그는 왕손의 마부로서 믿음의

신실한 삶을 살았습니다. 그는 철종대왕의 사촌 경평군의 맏아들인 이재형에게 복음을 전하였습니다. 왕손 이재형은 이후에 예수님을 믿고 남대문교회와 승동교회에서 목회를 하였습니다.

1904년 그(이재형)가 35세 되던 해에 일로전쟁이 끝나고 그 이듬해에 을사조약이 체결되었다. 그는 세상과 인연을 끊고 살았지만 나라가 온통 뒤집히게 되니 마음속에 감회가 없을 리 없었다. 그는 마부꾼을 불러 오라고 해서 말 타고 충주 선영을 찾아갔다.
서울에서 충주까지는 먼 길이다. 처음 보는 마부꾼인데, 키는 중키지만 기골이 장대한 떠꺼머리 총각이었다. 길을 가는 동안 마부꾼과 차츰 친숙해졌다. 왕손은 마부꾼에게 이것저것 물어보았다. 그래서 그 마부꾼은 봉우재에 사는 엄가라는 것, 나이는 서른 살, 몇 해 전부터 예수를 믿게 되었다는 신상 얘기를 듣게 되었다.
그러나 왕손이 깜짝 놀란 것은 감히 그 마부꾼이 나리에게 전도를 하는 것이 아닌가? "나으리 황송하오나 오늘부터 예수를 믿으소서! 하나님은 세상을 이처럼 사랑하사 독생자를 주셨으니 누구든지 그를 믿으면 영생을 얻으리라 했습니다. 나으리도 예수를 믿으면 죄 사함을 받고 영생을 얻을 수 있사옵니다."라면서 전도를 하는 것이 아닌가.
나리도 하도 어이가 없어 껄껄 웃었다. 그래서 나리는 이것저것 물어보았다. "그래 누구든지 예수를 믿으면 죄 사함을 받는다고 하니 너는 무슨 죄를 많이 지었길래 죄 사함을 받는다고 하냐, 영생을 얻는다고 하니 예수를 믿으면 영영 죽지 않느냐?" 하며 빈정대기도 했다. 그리고 "네가 예수를 믿으면 마부꾼 신세를 면하는가?" 했다. 그랬더니 마부꾼은 이 말에 용기를 내어 "나리, 예수 믿는 도리는 그런 게 아니옵니다. 저는 마부꾼 신세를 면하려고 예수를 믿는 게 아니옵니다. 도리어 이제부터 마부꾼 노릇을 더 잘해얍지요. 만약 나으리께서 예수만 믿으시면 일평생 마부꾼으로 나으리를 모시겠습니다"라고 말하는 것이 아닌가? (전택부, 「토박이 신앙산맥－한국교회 사도행전」〈서울 : 대한기독교출판사, 1977〉, 46-47쪽 ; 김종수, 「내 죄 때문이야」〈서울 : 기독교문화사, 1995〉, 264쪽)

Q 예수 그리스도를 만나 주로 믿고, 고백하며 살았던 엄귀현 영수의 이야기를 읽고 난 뒤, 예수 그리스도를 따르는 우리 믿음의 삶의 모습은 어떠해야 하는지 생각해 봅시다.

○ 믿음의 그래프를 그리면서 나의 믿음의 삶을 되돌아보고, 나의 믿음의 여정을 함께 나누어 보세요.

① 가로축은 나이를 가리킵니다.

② 세로축은 믿음의 강약 정도(큰 믿음/작은 믿음)를 의미합니다.
그런데 믿음은 시험점수처럼 남과 비교할 수 있는 객관적인 수치로 표현하기 어렵습니다. 그러기에 본인 스스로 생각하는 강약의 정도를 그려 보세요.

③ 그린 후에는 그래프의 꺾인 지점(변곡점)을 중심으로 어떤 상황이었는지를 되돌아보며 함께 나누어 보세요.

나의 믿음의 그래프

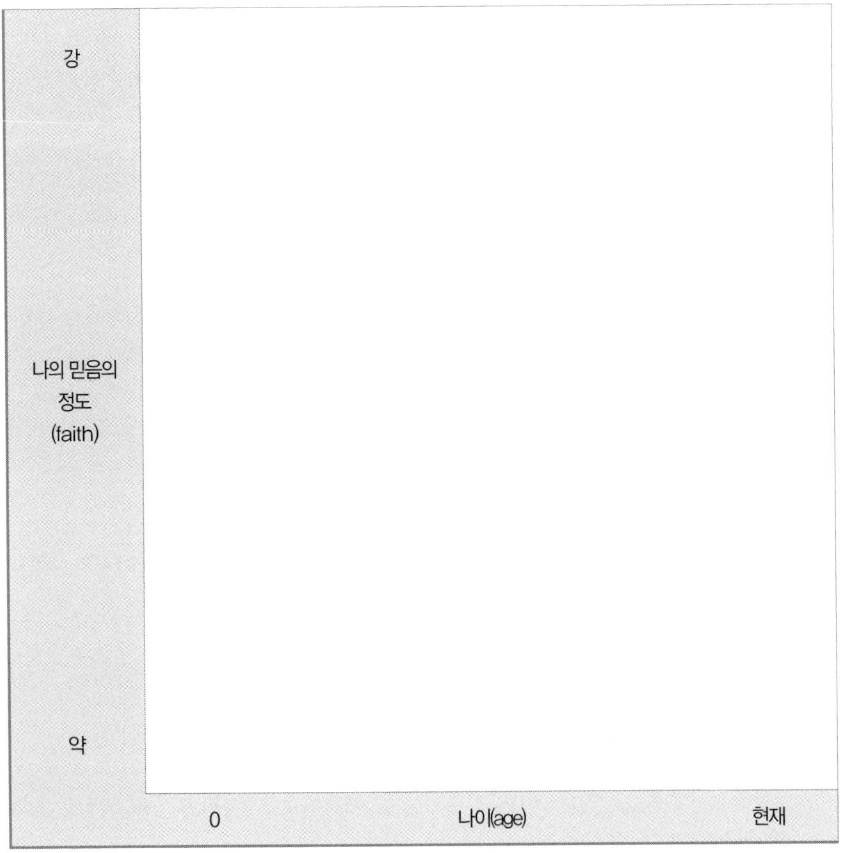

7

제7과
하나님의 사랑을 거절한다면

1 도입

○ 기도

○ 찬송 179장 "주 예수의 강림이"

○ 하나님의 사랑이 우리에게 주어진다고 하여도 우리가 그 사랑을 받아들이지 않고 거절한다면 우리는 창조세계 본래의 모든 아름다운 관계들이 깨어진 상태 속에 그대로 있게 됩니다. 그러한 결과의 최종적인 모습은 어떠할지 묵상해 보세요.

2 불신의 삶의 모습

○ 로마서 1장 21~25절과 28~32절에서는 하나님을 믿지 않는 불신의 삶을 사는 이들의 모습들을 구체적으로 열거하고 있습니다.

> 21하나님을 알되 하나님을 영화롭게도 아니하며 감사하지도 아니하고 오히려 그 생각
> 이 허망하여지며 미련한 마음이 어두워졌나니 22스스로 지혜 있다 하나 어리석게 되어
> 23썩어지지 아니하는 하나님의 영광을 썩어질 사람과 새와 짐승과 기어다니는 동물 모
> 양의 우상으로 바꾸었느니라 24그러므로 하나님께서 그들을 마음의 정욕대로 더러움
> 에 내버려 두사 그들의 몸을 서로 욕되게 하게 하셨으니 25이는 그들이 하나님의 진리
> 를 거짓 것으로 바꾸어 피조물을 조물주보다 더 경배하고 섬김이라 주는 곧 영원히 찬
> 송할 이시로다 아멘 (로마서 1장 21-25절)

> 28또한 그들이 마음에 하나님 두기를 싫어하매 하나님께서 그들을 그 상실한 마음대로
> 내버려 두사 합당하지 못한 일을 하게 하셨으니 29곧 모든 불의, 추악, 탐욕, 악의가 가
> 득한 자요 시기, 살인, 분쟁, 사기, 악독이 가득한 자요 수군수군하는 자요 30비방하는
> 자요 하나님께서 미워하시는 자요 능욕하는 자요 교만한 자요 자랑하는 자요 악을 도
> 모하는 자요 부모를 거역하는 자요 31우매한 자요 배약하는 자요 무정한 자요 무자비
> 한 자라 32그들이 이같은 일을 행하는 자는 사형에 해당한다고 하나님께서 정하심을
> 알고도 자기들만 행할 뿐 아니라 또한 그런 일을 행하는 자들을 옳다 하느니라 (로마
> 서 1장 28-32절)

Q 위의 구절에 따르면, 하나님과의 관계에서 하나님을 알되 하나님을 영화롭게

도 하지 않고 감사하지도 않는 불신의 삶을 사는 이들에게는 삶 속에 어떤 결과들이 생겨납니까?

3 믿음의 결과와 불신의 결과

○ 요한복음 5장 24~29절에서는 믿음의 결과와 불신의 결과에 관하여 분명하게 알려 줍니다.

[24]내가 진실로 진실로 너희에게 이르노니 내 말을 듣고 또 나 보내신 이를 믿는 자는
영생을 얻었고 심판에 이르지 아니하나니 사망에서 생명으로 옮겼느니라 [25]진실로 진
실로 너희에게 이르노니 죽은 자들이 하나님의 아들의 음성을 들을 때가 오나니 곧 이
때라 듣는 자는 살아나리라 [26]아버지께서 자기 속에 생명이 있음 같이 아들에게도 생
명을 주어 그 속에 있게 하셨고 [27]또 인자됨으로 말미암아 심판하는 권한을 주셨느니
라 [28]이를 놀랍게 여기지 말라 무덤 속에 있는 자가 다 그의 음성을 들을 때가 오나니
[29]선한 일을 행한 자는 생명의 부활로, 악한 일을 행한 자는 심판의 부활로 나오리라
(요한복음 5장 24-29절)

Q 위의 구절에 따르면, 믿음의 결과와 불신의 결과는 각각 어떠합니까?

○ 로마서 6장 20~23절에서도 삶에는 두 가지 종류가 있으며 각각 최종적인 결과가 있다고 분명하게 말씀합니다. 즉, 죄의 종의 삶과 하나님께 종이 되는 삶이 있으며, 각각 그 최종적인 결과가 있습니다.

[20]너희가 죄의 종이 되었을 때에는 의에 대하여 자유로웠느니라 [21]너희가 그 때에 무
슨 열매를 얻었느냐 이제는 너희가 그 일을 부끄러워하나니 이는 그 마지막이 사망임
이라 [22]그러나 이제는 너희가 죄로부터 해방되고 하나님께 종이 되어 거룩함에 이르는
열매를 맺었으니 그 마지막은 영생이라 [23]죄의 삯은 사망이요 하나님의 은사는 그리스
도 예수 우리 주 안에 있는 영생이니라 (로마서 6장 20-23절)

Q 위의 구절에 따르면, 죄의 종의 삶과 하나님께 종이 되는 삶 각각의 최종적인 결과는 무엇입니까?

죽음과 부활

○ **고린도후서 5장 1~10절과 고린도전서 15장 35~44절에서는 그리스도인의 죽음의 본질과 그 이후의 일에 관하여 분명하게 알려 주고 있습니다.**

> 1만일 땅에 있는 우리의 장막 집이 무너지면 하나님께서 지으신 집 곧 손으로 지은
> 것이 아니요 하늘에 있는 영원한 집이 우리에게 있는 줄 아느니라 2참으로 우리가
> 여기 있어 탄식하며 하늘로부터 오는 우리 처소로 덧입기를 간절히 사모하노라 3이
> 렇게 입음은 우리가 벗은 자들로 발견되지 않으려 함이라 4참으로 이 장막에 있는
> 우리가 짐진 것 같이 탄식하는 것은 벗고자 함이 아니요 오히려 덧입고자 함이니 죽
> 을 것이 생명에 삼킨 바 되게 하려 함이라…… 9그런즉 우리는 몸으로 있든지 떠나
> 든지 주를 기쁘시게 하는 자가 되기를 힘쓰노라 10이는 우리가 다 반드시 그리스도
> 의 심판대 앞에 나타나게 되어 각각 선악 간에 그 몸으로 행한 것을 따라 받으려 함
> 이라 (고린도후서 5장 1-10절)

Q 위의 구절에 따르면, 그리스도인의 죽음의 본질은 무엇이며, 죽음 이후에 어떤 일이 있습니까?

> 35누가 묻기를 죽은 자들(the dead)이 어떻게 다시 살아나며 어떠한 몸으로 오느
> 냐 하리니 36어리석은 자여 네가 뿌리는 씨가 죽지 않으면 살아나지 못하겠고 37또
> 네가 뿌리는 것은 장래의 형체를 뿌리는 것이 아니요 다만 밀이나 다른 것의 알맹
> 이 뿐이로되…… 42죽은 자의 부활(the resurrection of the dead)도 그와 같으니 썩
> 을 것으로 심고 썩지 아니할 것으로 다시 살아나며 43욕된 것으로 심고 영광스러
> 운 것으로 다시 살아나며 약한 것으로 심고 강한 것으로 다시 살아나며 44육의 몸(a
> natural body)으로 심고 신령한 몸(a spiritual body)으로 다시 살아나나니 육의 몸(a
> natural body)이 있은즉 또 영의 몸(a spiritual body)도 있느니라 (고린도전서 15장
> 35-44절)

Q 위의 구절에서는 부활에 관하여 어떻게 묘사하고 있습니까?

적용

○ **주기철 목사**(1897-1944)는 조선예수교장로회 총회가 신사참배를 결의하던 1938년 평양 산정현교회에서 목회하고 있었습니다. 그는 신사참배를 거부한 이유로 투옥되고 고문을 받고, 순교하였습니다. 그가 감옥에서 기도하였던 5가지의 기도제목들인 "오종목의 나의 기원" 중 첫 번째가 "죽음의 권세를 이기게 하여 주시옵소서."입니다. 그 내용 중 한 대목은 다음과 같습니다.

주님은 저를 위하여 십자가에 달리셨습니다. 머리에 가시관, 두 손과 두 발이 쇠못에 찢어져 최후의 피 한 방울까지 쏟으셨습니다. 주님 저를 위하여 죽으셨거늘 제가 어찌 죽음을 무서워 주님 모르는 체하오리까! 다만 일사각오(一死覺悟)가 있을 뿐입니다.
십자가에 죽으시고 무덤 속에서 3일 만에 부활하신 주님, 사망 권세를 이기신 예수여! 저도 부활을 믿고 사망 권세를 제 발아래에 밟게 하시옵소서. "죽음아 네 쏘는 것이 어디 있느냐"(고전 15 : 55). 저는 부활하신 예수를 믿고 저도 부활하리로다. 아멘, 할렐루야."(한국고등신학연구원 엮음, 「주기철」〈서울 : 홍성사, 2008〉, 157쪽).

Q 주기철 목사는 죽음과 그 이후에 대하여 어떠한 믿음과 확신이 있었기에 신사참배를 거부하며 순교의 길을 걸어갈 수 있었습니까? 그리고 만약 우리에게 죽음 이후의 부활에 대한 믿음과 확신이 있다면, 우리 삶의 모습은 어떻게 변화될 수 있습니까?

MEMO

8

제8과
하나님의 사랑 안에서 살아가는 삶

1 도입

○ 기도

○ 찬송 436장 "나 이제 주님의 새 생명 얻은 몸"

○ 하나님의 사랑을 받아들이는 믿음의 삶을 산다면, 그러지 않는 삶의 모습들에 비하여 현재 어떠한 모습들로 살아갈 수 있는지에 관하여 묵상해 보세요.

2 믿음의 유익

○ 갈라디아서 2장 16절, 3장 26~29절에서는 믿음이 우리의 삶에 가져다주는 변화들에 관하여 분명하게 알려 주고 있습니다.

[16]사람이 의롭게 되는 것은 율법의 행위로 말미암음이 아니요 오직 예수 그리스도를 믿음으로 말미암는 줄 알므로 우리도 그리스도 예수를 믿나니 이는 우리가 율법의 행위로써가 아니고 그리스도를 믿음으로써 의롭다 함을 얻으려 함이라 율법의 행위로써는 의롭다 함을 얻을 육체가 없느니라 (갈라디아서 2장 16절)

[26]너희가 다 믿음으로 말미암아 그리스도 예수 안에서 하나님의 아들이 되었으니 [27]누
구든지 그리스도와 합하기 위하여 세례를 받은 자는 그리스도로 옷 입었느니라 [28]너희
는 유대인이나 헬라인이나 종이나 자유인이나 남자나 여자나 다 그리스도 예수 안에
서 하나이니라 [29]너희가 그리스도의 것이면 곧 아브라함의 자손이요 약속대로 유업을
이을 자니라 (갈라디아서 3장 26–29절)

Q 위의 구절들에 따르면, 믿음으로 우리의 삶에 어떤 변화들이 일어납니까?

○ 로마서 8장 1~2절에서는 하나님의 사랑의 최고의 표현인 예수 그리스도를 믿음으로 받아들이는 자들이 누리는 유익을 분명히 제시하고 있습니다. "그러므로 이제 그리스도 예수 안에 있는 자에게는 결코 정죄함이 없나니 이는 그리스도 예수 안에 있는 생명의 성령의 법이 죄와 사망의 법에서 너를 해방하였음이라"(로마서 8장 1–2절). 에베

소서 2장 1~10절에서는 하나님의 사랑을 믿음으로 받아들인 자들의 삶의 실존적인 상태에 대해 상세하게 설명하고 있습니다.

1그는 허물과 죄로 죽었던 너희를 살리셨도다 2그 때에 너희는 그 가운데서 행하여 이
세상 풍조를 따르고 공중의 권세 잡은 자를 따랐으니 곧 지금 불순종의 아들들 가운데
서 역사하는 영이라 3전에는 우리도 다 그 가운데서 우리 육체의 욕심을 따라 지내며
육체와 마음의 원하는 것을 하여 다른 이들과 같이 본질상 진노의 자녀이었더니 4긍휼
이 풍성하신 하나님이 우리를 사랑하신 그 큰 사랑을 인하여 5허물로 죽은 우리를 그
리스도와 함께 살리셨고 (너희는 은혜로 구원을 받은 것이라) 6또 함께 일으키사 그리
스도 예수 안에서 함께 하늘에 앉히시니 7이는 그리스도 예수 안에서 우리에게 자비
하심으로써 그 은혜의 지극히 풍성함을 오는 여러 세대에 나타내려 하심이라 8너희는
그 은혜에 의하여 믿음으로 말미암아 구원을 받았으니 이것은 너희에게서 난 것이 아
니요 하나님의 선물이라 9행위에서 난 것이 아니니 이는 누구든지 자랑하지 못하게 함
이라 10우리는 그가 만드신 바라 그리스도 예수 안에서 선한 일을 위하여 지으심을 받
은 자니 이 일은 하나님이 전에 예비하사 우리로 그 가운데서 행하게 하려 하심이니라
(에베소서 2장 1-10절)

Q 위의 구절에 따르면, 하나님의 사랑을 믿음으로 받아들인 자들의 삶의 실존적인 상태는 어떻게 변화하였습니까?

3 믿음의 공동체로서의 교회의 핵심과 토대

○ 교회는 성경에서 '에클레시아'라고 합니다. 고린도전서 1장 1~3절을 자세히 살펴보면 교회가 무엇인지에 관하여 알려 줍니다.

1하나님의 뜻을 따라 그리스도 예수의 사도로 부르심을 받은 바울과 형제 소스데네는
2고린도에 있는 하나님의 교회 곧 그리스도 예수 안에서 거룩하여지고 성도라 부르심
을 받은 자들과 또 각처에서 우리의 주 곧 그들과 우리의 주 되신 예수 그리스도의 이
름을 부르는 모든 자들에게 3하나님 우리 아버지와 주 예수 그리스도로부터 은혜와 평
강이 있기를 원하노라 (고린도전서 1장 1-3절)

Q 위의 구절에 따르면, 교회를 어떻게 정의하고, 설명할 수 있습니까?

"고린도에 있는 하나님의 교회(the church of God in Corinth)"는 "그리스도 예수 안에서 거룩하여지고 성도라 부르심을 받은 자들"과 "우리의 주 되신 예수 그리스도의 이름을 부르는 자들"을 가리킵니다. 그러므로 교회는 핵심적으로 하나님의 부르심을 받은 사람들을 가리킵니다. 또는 하나님의 부르심을 받은 자들의 모임 또는 공동체와 성도의 교제를 가리킵니다.

그러므로 교회(ἐκκλησία)의 일차적인 핵심은 ① 건물이 아니며, ② 조직이 아니고, ③ 유료회원권이 아니며, ④ 동호회/클럽이 아니고, ⑤ 동창회가 아니며, ⑥ 향우회가 아니고, ⑦ 계가 아니며, ⑧ 팬클럽이 아닙니다. 교회에 이러한 것들이 필요하다고 하더라도 교회의 일차적인 핵심이 되어서는 안 됩니다.

○ **교회의 토대는 예수 그리스도이십니다. "이 닦아 둔 것 외에 능히 다른 터를 닦아 둘 자가 없으니 이 터는 곧 예수 그리스도라"(고린도전서 3장 11절). 우리는 하나님의 동역자들이고 하나님의 밭이며 하나님의 집입니다. 이러한 점을 명심해야 합니다.**

11 내 형제들아 글로에의 집 편으로 너희에 대한 말이 내게 들리니 곧 너희 가운데 **분쟁**
이 있다는 것이라 12 내가 이것을 말하거니와 너희가 각각 이르되 나는 **바울**에게, 나는
아볼로에게, 나는 **게바**에게, 나는 **그리스도**에게 속한 자라 한다는 것이니 13 그리스도께
서 어찌 나뉘었느냐 바울이 너희를 위하여 십자가에 못 박혔으며 바울의 이름으로 너
희가 세례를 받았느냐 (고린도전서 1장 11-13절)

Q 위의 구절에 따르면, 교회의 토대를 망각한다면 교회에 어떤 일이 초래될 수 있습니까?

교회는 **'공교회'**와 **'개교회'**로 구별될 수 있습니다. 개교회는 지역에 있는 개개의 교회, 즉 지역교회(local church)를 가리킵니다. 반면에, 공교회는 보편교회(the universal/catholic church)입니다. 가톨릭(catholic)이라는 말은 본래 보편적이라는 뜻입니다. 초대교회부터 본래 교회는 하나의 보편적인 교회였습니다. 그 안에서 예루살렘, 안디옥, 알렉산드리아, 콘스탄티노플(오늘날 터키의 이스탄불), 로마라는 5개의 총대교구들을 중심으로 하나를 이루었습니다. 그러다가 1054년에 로마를 중심으로 하는 서방교회와 나머지들을 중심으로 하는 동방교회로 분열되었습니다. 서방교회는 로마가톨릭교회(Roman Catholic Church)이고, 동방교회는 동방정교회(Eastern Orthodox Church)입니다. 서방교회 내에서는 마르틴 루터의 1517년 종교개혁을 계기로 로마가톨릭(천주교)과 개신교(Protestant Church)로 분리되었습니다.

교회를 **'가시적 교회'**와 **'비가시적 교회'**로 구별하기도 합니다. 가시적 교회(Visible Church)는 바로 여기 지상에 있는 교회이고, 영적으로 '투쟁하는 교회(Church Militant)'이며, 알곡과 가라지가 함께 공존하는 교회입니다. 반면에 비가시적 교회(Invisible Church)는 현재와 과거와 미래의 모든 성도를 포함하는 교회로서, '승리하는 교회(Church Triumphant)'이고, 하나님만이 아시며, 하나님의 부르심을 받은 모든 자들로 이루어진 교회를 가리킵니다.

4 세계를 향한 하나님의 경륜을 위한 교회

○ 교회는 세계를 향한 하나님의 경륜을 위하여 존재합니다.

16만물이 그에게서 창조되되 하늘과 땅에서 보이는 것들과 보이지 않는 것들과 혹은
왕권들이나 주권들이나 통치자들이나 권세들이나 만물이 다 그로 말미암고 그를 위
하여 창조되었고 17또한 그가 만물보다 먼저 계시고 만물이 그 안에 함께 섰느니라
(골로새서 1장 16–17절)

[22]또 만물을 그의 발 아래에 복종하게 하시고 그를 만물 위에 교회의 머리로 삼으셨느니라 [23]교회는 그의 몸이니 만물 안에서 만물을 충만하게 하시는 이의 충만함이니라 (에베소서 1장 22-23절)

Q 위의 구절들에 따르면, 예수 그리스도 – 교회 – 만물(세계)은 서로 어떤 관계입니까?

○ 에베소서 1장 9~10절 ("그 뜻의 비밀을 우리에게 알리신 것이요 그의 기뻐하심을 따라 그리스도 안에서 때가 찬 경륜을 위하여 예정하신 것이니 하늘에 있는 것이나 땅에 있는 것이 다 그리스도 안에서 통일되게 하려 하심이라")에 따르면, 세계를 향한 하나님의 경륜의 목적은 하늘과 땅의 모든 것들이 그리스도 안에서 통일되게 하는 것, 즉 그리스도의 주님 되심을 인정하게 하는 것입니다.

[9]영원부터 만물을 창조하신 하나님 속에 감추어졌던 비밀의 경륜이 어떠한 것을 드러내게 하려 하심이라 [10]이는 이제 교회로 말미암아 하늘에 있는 통치자들과 권세들에게 하나님의 각종 지혜를 알게 하려 하심이니 [11]곧 영원부터 우리 주 그리스도 예수 안에서 예정하신 뜻대로 하신 것이라 (에베소서 3장 9-11절)

[18]그는 몸인 교회의 머리시라 그가 근본이시요 죽은 자들 가운데서 먼저 나신 이시니 이는 친히 만물의 으뜸이 되려 하심이요 [19]아버지께서는 모든 충만으로 예수 안에 거하게 하시고 [20]그의 십자가의 피로 화평을 이루사 만물 곧 땅에 있는 것들이나 하늘에 있는 것들이 그로 말미암아 자기와 화목하게 되기를 기뻐하심이라 (골로새서 1장 18-20절)

Q 위의 구절들에 따르면, 세계를 향한 하나님의 경륜의 목적을 위하여 교회는 어떻게 기여할 수 있습니까?

적용

○ 믿음의 공동체로서의 교회는 "유대인이나 헬라인이나 종이나 자유인이나 남자나 여자나 다 그리스도 예수 안에서 하나"(갈라디아서 3장 28절)인 모습이 드러나야 합니다. 이것은 세상과 사회를 변화시킬 수 있는 귀중한 모습입니다. 한국교회사에서 이러한 믿음의 아름다운 모습을 보여 준 교회가 있습니다.

조덕삼

이자익

금산교회는 테이트 선교사에 의하여 1905년 김제에 세워졌습니다. 선교사를 통하여 예수님을 믿게 된 부자 **조덕삼**(1867–1919)이라는 사람의 사랑채에서 교회가 시작되었습니다. 그런데 이 집의 머슴인 **이자익**(1879–1958)도 예수님을 믿게 되었고 주인과 머슴이 함께 세례도 받고 함께 집사가 되었습니다.

교회가 부흥하여 한 명의 장로를 선출할 때에 두 명 모두가 후보가 되었습니다. 그런데 교인들의 투표의 결과로 이자익이 장로가 되었습니다. 조덕삼의 입장에서는 본인이 상전이고 나이도 더 많았기에 많이 서운한 상황이었습니다. 그러나 조덕삼은 "우리 금산교회 교인들이 참으로 훌륭한 일을 해냈습니다. 저희 집에서 일하고 있는 이자익은 저보다 신앙의 열의가 대단합니다. 여러분 감사합니다."라고 말하였습니다.

그뿐만이 아니라, 이자익 장로를 잘 도왔고, 그를 평양신학교로 유학 보내서 신학을 공부하게 하였고, 또한 그를 금산교회의 목사님으로 청빙하여 잘 모셨습니다. 이자익 또한 겸손하게 교회를 섬기면서 교단의 총회장을 세 번씩이나 섬길 수 있었습니다. (금산교회문화재보존위원회, 「금산교회 이야기」〈김제 : 금산교회문화재보존위원회, 1999〉)

Q 금산교회 조덕삼 장로–이자익 목사의 이야기를 통해서 믿음의 공동체로서의 교회의 모습이 이 세계를 향한 하나님의 경륜의 목적에 어떻게 기여할 수 있는지에 관하여 함께 나누어 보세요.

MEMO

9

제9과
개혁교회/장로교회의 신학

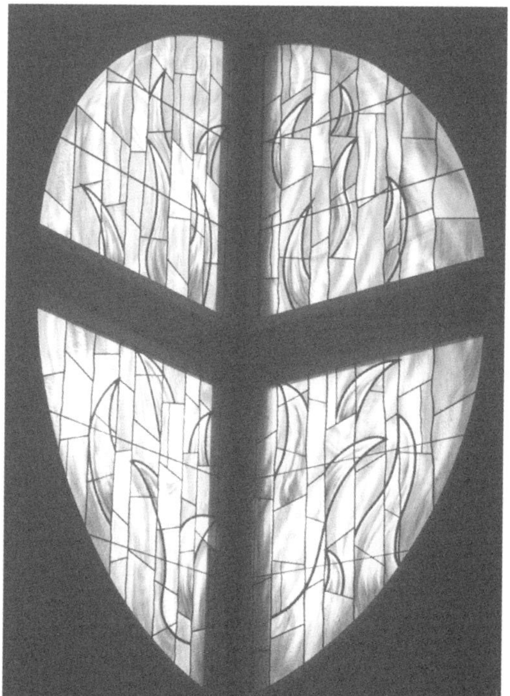

1 도입

○ 기도

○ 찬송 585장 "내 주는 강한 성이요" / 548장 "날 구속하신"

○ 찬송 585장은 종교개혁자 마르틴 루터가 작사 및 작곡한 찬송이며, 548장은 종교개혁자이며 개혁교회/장로교회의 신학을 정리한 장 칼뱅이 작사한 찬송입니다. 이 찬송가를 부르면서 종교개혁의 정신이 무엇인지 상상해 보세요.

2 교회사에서의 개혁교회/장로교회

○ 개혁교회/장로교회를 이해하기 위해서는 세계 교회사의 전체 흐름 안에서 보아야 합니다. 이는 아래의 표와 같이 간략하게 정리할 수 있습니다.

① 하나의 보편적인 교회/공교회 (One Catholic 〈Universal〉 Church)

사도행전－예루살렘에서 시작된 교회의 설립과 확장

↓↓↓

초대교회의 중심지들로서 5개의 대교구들 (예루살렘, 안디옥, 알렉산드리아, 콘스탄티노플, 로마)

↓↓↓

② 1054년 동방교회－서방교회의 대분열

㉠ 동방교회 – 동방정교회(Eastern Orthodox Church)
(예루살렘, 안디옥, 알렉산드리아, 콘스탄티노플을 중심으로)

㉡ 서방교회 – 로마가톨릭교회(Roman Catholic Church)
(로마를 중심으로)

↓ ↓ ↓

③ 종교개혁(Reformation)으로 서방교회의 분열

– 체코 얀 후스(1372–1415)
– 독일 마르틴 루터(1483–1546)
1517년 10월 31일 로마가톨릭 면벌부에 항의하여 95개조 반박문 게시
– 프랑스/스위스 장 칼뱅(1509–1564)
– 스코틀랜드 존 낙스(1513–1572)

㉠ 로마가톨릭교회(Roman Catholic Church)

㉡ 개신교회(Protestant Church)
루터교회, 개혁교회/장로교회, 성공회, 감리교회, 성결교회, 침례교회, 오순절교회 등

↓ ↓ ↓

Q 위와 같은 교회사의 전체 흐름 안에서 개혁교회/장로교회는 어디에 위치하고 있습니까?

종교개혁(Reformation)은 1517년에 루터에 의하여 시작되었으며, 츠빙글리와 칼뱅 등에 의해서 확장되었습니다. 루터의 신학사상을 따르는 교회를 '루터교회(Lutheran Church)'라고 하고, 츠빙글리와 칼뱅의 신학을 따르는 교회를 '개혁교회(Reformed Church)'라고 하며, 개혁교회 중에서 존 낙스에 의하여 장로제라는 교회정치제도를 채택한 교회를 '장로교회(Presbyterian Church)'라고 합니다. 존 낙스는 제네바에서 칼뱅과 더불어 일하였고, 그의 영향을 크게 받았으며, 스코틀랜드로 돌아와서 장로교회를 세웠습니다. 이렇게 시작된 개혁교회/장로교회는 프랑스 일부, 독일 일부, 헝가리, 체코, 네덜란드(화란)로 파급되었고, 이후 미국과 남아프리카공화국(남아공), 캐나다, 오스트레일리아(호주) 등에서 꽃피웠으며, 한국에도 전파되었습니다.

특정 교단 혹은 일단의 교회 그룹에 대한 명칭으로서의 **'개혁파'** 혹은 **'개혁주의'**라는 용어는 종교개혁 후기의 산물입니다. 이 용어는 1560년대에 유럽 대륙에서 공식적인 방식으로 사용되었던 바 츠빙글리와 칼뱅과 관계된 교회뿐만이 아니라 루터파까지도 포함하는 용어입니다. '개신교'라는 말과 거의 동의어로 사용되었습니다. 루터파와 개혁파 사이의 구분이 이루어진 것은 1590년대 이후의 일입니다. '개혁(Reformed)'이라는 표현은 그 이후 대륙의 거의 모든 칼뱅주의적 교회, 곧 프랑스개혁교회, 독일과 스위스의 독일어권 개혁교회, 화란개혁교회를 일컫는 용어로 사용되었습니다. 이 단어는 "하나님 말씀에 따라 개혁된"이라는 의미를 내포하고 있습니다.

한편 **'장로교'**라는 표현은 장로 혹은 감독을 의미하는 헬라어 프레즈비테로스(presbyteros)에서 유래했으며, 주로 교회의 질서 형태를 가리키는 용어로서 앵글로-색슨족에 기원을 둔 개혁주의 교회들에 의해 사용되었습니다.

신학적으로는 '개혁교회'와 '장로교회' 둘 사이에는 별다른 차이점이 없습니다. 스코틀랜드의 '개혁된' 교회, 곧 장로교회의 설립자 존 낙스는 칼뱅의 절친한 친구이자 제자였으며, 그의 신학적 견해를 충실하게 반영한 사람입니다.

개혁주의 전통의 기원은 결코 화란에 있는 것도, 장로교가 발전한 스코틀랜드에 있는 것도 아닙니다. 개혁주의 전통은 16세기 초와 중엽에 유럽의 다양한 종교개혁의 흐름들이 하나로 모여 형성되었습니다. (존 헤세링크 지음, 최덕성 옮김, 「개혁주의 전통」 〈서울 : 본문과현장사이, 1997〉, 23-24쪽)

○ 한국 개혁교회/장로교회를 이해하기 위해서는 한국교회사의 흐름 안에서 보아야 합니다. 이는 아래의 표와 같이 간략하게 정리할 수 있습니다.

↓ ↓ ↓

④ 한국 개신교회의 주요 역사

- 1866년 대동강에서 로버트 토마스 선교사의 순교(제너럴셔먼호 사건)
- 1876년 만주에서 이응찬, 백홍준, 이성하, 김진기가 세례를 받음(한국 개신교 최초의 세례사건)
- 1883년 수신사의 일행인 이수정이 일본에서 세례를 받음
- 1883년 황해도 송천에서 소래교회(솔내교회) 설립(한국 최초의 개신교회)
- 1884년 알렌 선교사 입국, 이듬해 광혜원/제중원(이후 세브란스병원) 설립
- 1885년 언더우드 선교사와 아펜젤러 선교사의 입국
- 1887년 새문안교회 설립(한국 최초의 조직교회)
- 1901년 평양신학교 개교
- 1912년 조선예수교장로회(대한예수교장로회) 총회 창립
- 1952년 고려신학교 분리(현재 고신대학교–교단 예장고신)
- 1953년 조선신학교 분리(현재 한신대학교 – 교단 기장)
- 1959년 장로회신학대학교(교단–예장통합)와 총신대학교(교단 – 예장합동)으로 분열

↓ ↓ ↓

Q 위와 같은 한국 개신교회의 역사 안에서 대한예수교장로회(통합)는 어디에 위치하고 있습니까?

3 개혁교회/장로교회의 신학의 특징들

○ 종교개혁(Reformation)의 3대 정신은 "오직 믿음으로(Sola Fide)," "오직 은혜로(Sola Gratia)," "오직 성경으로(Sola Scriptura)"입니다. 개혁교회/장로교회의 신학은 여기에다가 "오직 그리스도로(Solus Christus)"와 "오직 하나님께 영광(Soli Deo Gloria)"을 강조합니다.

① 오직 믿음으로(Sola Fide)

[17]복음에는 하나님의 의가 나타나서 믿음으로 믿음에 이르게 하나니 기록된 바 오직 의인은 믿음으로 말미암아 살리라 함과 같으니라 (로마서 1장 17절)

② 오직 은혜로(Sola Gratia)

[10]그러나 내가 나 된 것은 하나님의 은혜로 된 것이니 내게 주신 그의 은혜가 헛되지 아니하여 내가 모든 사도보다 더 많이 수고하였으나 내가 한 것이 아니요 오직 나와 함께 하신 하나님의 은혜로라 (고린도전서 15장 10절)

③ 오직 성경으로(Sola Scriptura)

[15]또 어려서부터 성경을 알았나니 성경은 능히 너로 하여금 그리스도 예수 안에 있는 믿음으로 말미암아 구원에 이르는 지혜가 있게 하느니라 [16]모든 성경은 하나님의 감동으로 된 것으로 교훈과 책망과 바르게 함과 의로 교육하기에 유익하니 [17]이는 하나님의 사람으로 온전하게 하며 모든 선한 일을 행할 능력을 갖추게 하려 함이라 (디모데후서 3장 15-17절)

④ 오직 그리스도로(Solus Christus)

[16]사람이 의롭게 되는 것은 율법의 행위로 말미암음이 아니요 오직 예수 그리스도를 믿음으로 말미암는 줄 알므로 우리도 그리스도 예수를 믿나니 이는 우리가 율법의 행위로써가 아니고 그리스도를 믿음으로써 의롭다 함을 얻으려 함이라 율법의 행위로써는 의롭다 함을 얻을 육체가 없느니라 (갈라디아서 2장 16절)

⑤ **오직 하나님께 영광(Soli Deo Gloria)**
[36]이는 만물이 주에게서 나오고 주로 말미암고 주에게로 돌아감이라 그에게 영광이 세세에 있을지어다 아멘 (로마서 11장 36절)
[31]그런즉 너희가 먹든지 마시든지 무엇을 하든지 다 하나님의 영광을 위하여 하라 (고린도전서 10장 31절)

Q 위의 각 원리가 우리의 신앙과 삶에 얼마나 많은 영향을 끼치고 있습니까? 그리고 현재의 한국교회에서는 어떻게 적용되고 있습니까?

존 H. 리스는 개혁전통의 근본정신을 다음의 9가지로 여깁니다. ① 하나님의 위엄과 그에 대한 찬양, ② 우상숭배에 대한 논박, ③ 역사에서 하나님의 목적들의 수행, ④ 거룩한 생활, 즉 윤리, ⑤ 하나님 섬김으로서의 정신생활, ⑥ 설교, ⑦ 조직된 교회와 목회적 돌봄, ⑧ 경건생활의 훈련, ⑨ 단순성 (존 H. 리스 지음, 황승룡 · 이용원 옮김, 「개혁교회와 신학」〈서울 : 한국장로교출판사, 1989〉, 64-88쪽)

이수영 목사는 16세기 유럽의 종교개혁운동에 기원을 두는 개혁신앙의 몇 가지 핵심적 관점들을 5가지로, 즉 ① 오직 그리스도, ② 오직 믿음, ③ 오직 은혜, ④ 오직 성경, ⑤ 인간의 죄성과 전적인 타락으로 정리합니다. (이수영 지음, 「개혁신학과 경건(이수영 목사 회갑 기념문집)」〈서울 : 장로회신학대학교 출판부, 2006〉, 335－346쪽)

존 헤세링크는 개혁교회/장로교회의 특징을 5가지로, 즉 ① 하나님 중심, ② 성경 중심, ③ 교회 중심, ④ 신행일치(믿음과 행동의 일치), ⑤ 인생관과 세계관으로 정리하고 있습니다. 존 헤세링크의 상세한 설명은 아래와 같습니다. (존 헤세링크 지음, 최덕성 옮김, 「개혁주의 전통」, 140-167쪽)

① **하나님 중심**－개혁주의 전통의 가장 기본적이며 포괄적인 특징은 하나님 중심적 사상과 삶이다. …… 칼뱅주의자들은 인간의 의지는 자유롭지 않으며 예수 그리스도 안에서 주어진 구속에서 능동적 주도권을 쥘 수 없다고 믿는다. ……

가장 중요한 것은 나의 회심, 나의 신앙, 나의 선한 삶이 아니다. 하나님의 선하심과 은총 그리고 주권적 의지가 나의 신앙과 구원의 근본이라는 것이다. 칼뱅주의는 하나님의 주권적 은총을 높인다는 점에서 아우구스티누스주의라고 일컫기도 한다. 한 가지 더 밝혀야 할 것은 하나님의 주권적 은혜는 나와 나의 구원에만 영향을 미치는 개인적인 것만은 아니라는 사실이다. 하나님의 주권은 우주적 차원을 가진다. 그의 주권적 의지는 우주의 가장 멀리까지도 미치며 시간과 영원을 포괄하여 작용한다. 이런 광활한 범위와 장대한 시각은 개혁주의적 전망의 독특한 특징이다.

② **성경 중심**－개혁주의 신자들은 말씀 중심의 사람들이다. "오직 성경(Sola Scriptura)"이라는 원리는 종교개혁 전체의 강한 주제였지만, 성경이 특별히 중요시된 것은 개혁주의 전통 안에서였다. 더욱 중요한 것은 성경 영감에 대한 '이론'이 아니라 성경의 충족성과 신뢰성이다. …… 칼뱅의 영향을 가장 분명하게 반영하고 있는 「갈리칸신앙고백서」는 성경을 "우리 신앙에 대한 확실한 규칙"으로, "하나님에 대한 봉사와 우리의 구원에 필요한 모든 것을 담고 있는 모든 진리의 규칙"으로 묘사하고 있다.…… 성경에 대한 개혁주의적 접근방법에는 또 다른 두 가지 특징적인 것들이 있는데 그것은 ㉠ 말씀과 성령의 상호관련성과 ㉡ 성경을 여는 열쇠인 언약사상이다.…… 개혁주의 전통은 언약 개념을 해석학적 열쇠로 삼는다. 츠빙글리는 언약사상의 중요성을 강조했으며, 칼뱅은 이것을 좀 더 발전시켰다.

③ **교회 중심**－장로교회 질서의 핵심은 두 가지이다. 첫째는 장로회(노회)가 감독(주교)의 자리를 대신하고 있다는 점이다. 교회 회중은 자신들의 목회자를 선택하고 장로들과 집사들을 선출하며, 이들은 말씀의 사역자와 함께 당회를 구성한다. …… 이것은 개교회의 자율성을 중시하는 회중교회(자유교회, 침례교)와 감독이 궁극적인 권위를 가지고 있는 계급교회(감리교, 성공회, 로마천주교) 사이의 중도적 입장이다.…… 개혁파와 장로교 정치의 세 직분, 곧 목사, 장로, 집사 중에서 가장 중요한 직분은 장로직이다. 장로는 개신교의 두 고전적인 교회의 표지인 참된 말씀의 전파와 성례의 올바른 집행을 책임지고 있기 때문이다. 간단히 말해서, 장로는 목사와 함께 교회의 영적 복지를 궁극적으로 책임지고 있는 사람들이다. 집사직은 재정, 건물, 재산, 자선, 곧 봉사와 구제와 같은 영역을 위해 필수적인 직분이다.

④ **신행일치(믿음과 행동의 일치)**-진리, 순수한 교리, 건전한 신학에 대한 관심은 중요하지만 그 자체가 목적이 되어서는 안 된다. 만약 이런 관심이 경건함이나 교회의 건덕을 가져오지 않는다면 그것은 그릇된 것이다. 이런 접근방법에 대한 개혁주의의 두 가지의 표현은 성화에 대한 강조(루터파의 칭의교리에 대한 강조와는 대조적으로)와 윤리에 대한 더욱 일반적인 관심으로 나타난다. 이른바 율법의 제3용례는 이 두 가지에 대한 관심을 보여 준다.…… 이 윤리의 결과는 당연히 선행을 이루고자 하는 열망을, 신자의 삶과 성장에 대한 관심을, 개인과 집단의 성결을 향한 탐색을 낳는다. 루터파의 가장 인기 있는 문구가 "의인인 동시에 죄인(simul iustus et peccator)"이라면, 개혁주의의 강조점은 "기독교적 삶"이다.

⑤ **인생관과 세계관**-인간과 나라들의 운명을 결정하실 주권적 하나님에 대한 강력한 인식으로부터, 땅 끝까지 이르러 드러나고 인정되어야 할 하나님의 영광에 대한 비전에 이르기까지 칼뱅주의는 장대한 계획을 가진 신앙이다. 은혜로우신 하나님에 대한 루터파의 탐색과 개인 영혼의 안녕에 대한 경건주의적 관심과, 개인의 성결에 대한 웨슬레주의적 목표와는 대조적으로, 개혁주의 전통의 궁극적 관심은 개인과 개인 구원을 초월한다. 그것은 그리스도의 몸인 교회에 제한되지 않는다. 개혁주의의 관심은 국가와 문화, 자연과 우주라는 보다 광범위한 영역에서 하나님의 뜻을 실현하는 데 있다. 간단히 말하자면 개혁주의 신학은 하나님 나라를 실현하는 신학이다.

장로교회의 정치제도와 직제

○ 교회를 운영해 나가는 정치제도로는 크게 ① **감독제**, ② **장로제**, ③ **회중제**가 있습니다. 장로교회는 교회의 정치제도로 장로제를 채택하고 시행하는 교회입니다. 그래서 개교회 안에서는 교인들의 대표로 선출된 장로들로 구성된 당회가 교인의 신앙과 행위를 통찰하고 세례와 성찬의 성례들을 관장합니다. 그리고 개교회들이 모여서 노회를 구성하고, 노회들이 모여서 총회를 형성합니다.

① **감독제**는 감독이 어느 지역 내의 교회들을 총괄적으로 담당한다.

② **장로제**는 교회의 지체들 중에서 장로를 선출하여 교회를 운영한다.

③ **회중제**는 특정인을 선출하지 않고 회중 모두의 참여에 의하여 교회가 운영된다.

○ 교회의 정치형태 안에는 교회의 활동을 분담하도록 하는 직제가 있습니다. 예장통합 총회헌법에 따르면, 교회 내의 직분으로 ① **장로,** ② **권사,** ③ **집사**가 있습니다. 장로에는 ㉠ 설교와 치리를 겸하는 **목사**가 있고, ㉡ 치리만 담당하는 **장로**가 있습니다. 각 직분자의 역할은 다르다고 하더라도, 모두가 협력해서 주님의 몸된 교회를 섬깁니다. 각 직분자의 역할은 다음과 같습니다. (참고. 「대한예수교장로회총회 헌법」).

① **목사** – 하나님의 말씀으로 교훈하며, 성례를 거행하고, 교인을 축복하며, 장로와 협력하여 치리권을 행사한다.

② **장로** – 목사와 협력하여 행정과 권징을 관장하고, 교인들이 교리를 오해하거나 도덕적으로 부패하지 않도록 교인을 권면한다.

③ **권사** – 교역자를 도와 궁핍한 자와 환난당한 교우를 심방하고 위로하며 교회에 덕을 세우기 위해 힘쓴다.

④ **집사** – 교회를 봉사하고, 헌금을 수납하며, 구제에 관한 일을 담당한다.

4은사는 여러 가지나 성령은 같고 5직분은 여러 가지나 주는 같으며 6또 사역은 여러 가지나 모든 것을 모든 사람 가운데서 이루시는 하나님은 같으니 7각 사람에게 성령을 나타내심은 유익하게 하려 하심이라 (고린도전서 12장 4-7절)

Q 장로교회의 정치제도와 직제가 고린도전서 12장 4~7절에 있는 성경의 원리에 따라 운영되기 위해서는 어떤 점을 강조할 수 있습니까?

적용

○ 영락교회를 세워 목회하셨던 한경직 목사는 1902년 12월 29일(음력)에 태어나서 2000년 4월 19일 별세하였습니다. 그의 98년 동안의 삶을 한마디로 요약하자면 "하

나님의 은혜에 대한 감사"의 삶이었습니다. 그가 80세가 되던 1981년에 자신의 삶을 돌아보면서 한마디로 고백하기를 "하나님, 감사합니다. 하나님, 감격스럽습니다."라고 하였습니다. 하나님께서 그의 삶에 베푸신 은혜에 대하여 그는 다음과 같이 감사함으로 고백하였습니다.

> 몇 번이고 말해도 부족한 '감사합니다'가 나의 진심 어린 고백이다. 하나님의 은혜는 너무 크고 너무 넓고 너무 높고 너무 깊고 너무 위대하다. 사실 나 같은 죄인을 하나님께서 만세 전에 사랑하시고 택하시고 때가 될 때 불러 구원하여 주셨다. 그리고 부족한 내게 '참교육자'라는 거룩한 이름까지 주셨다. 이 모든 것이 은혜다. 주님께서는 나의 죄를 위해 십자가에서 보혈을 흘리시고 내 모든 죄를 사하여 주셨다. 이것이 은혜다. 성령께서는 언제나 내 마음속에 계셔서 내가 약할 때 위로해 주시고 힘 주시고 쓰러질 때 다시 일으키시고 끊임없는 능력으로 도와주셨다. 이 모든 것이 은총이다. 본래 너무나 약한 몸으로 태어나 사람의 생각으로는 이해할 수 없는 '여든'이라는 나이까지 살게 하셨다. 이 모든 것이 감사할 뿐이다. (한경직, 「나의 감사 – 한경직 구술 자서전」〈서울 : 두란노, 2010〉, 11쪽)

Q 나의 삶과 우리 교회와 관련하여 하나님께서 베풀어 주신 은혜에 대한 나의 감사의 내용들은 무엇인지 생각하고 함께 나누어 보세요.

MEMO

10

제10과
이단/사이비 분별의 기준들

1 도입

○ 기도

○ 찬송 546장 "주님 약속하신 말씀 위에서"

○ 오늘날 주위에서 어떤 이단들을 볼 수 있는지 함께 이야기해 보세요.

2 다른 복음은 없습니다!

○ 갈라디아 교회에서는 "다른 복음"을 따르는 자들이 생겨났고, 이로 인하여 교회 내에 신앙적인 혼란과 혼선이 생겼습니다.

6그리스도의 은혜로 너희를 부르신 이를 이같이 속히 떠나 다른 복음을 따르는 것을
내가 이상하게 여기노라 7다른 복음은 없나니 다만 어떤 사람들이 너희를 교란하여 그
리스도의 복음을 변하게 하려 함이라 8그러나 우리나 혹은 하늘로부터 온 천사라도 우
리가 너희에게 전한 복음 외에 다른 복음을 전하면 저주를 받을지어다 9우리가 전에
말하였거니와 내가 지금 다시 말하노니 만일 누구든지 너희가 받은 것 외에 다른 복음
을 전하면 저주를 받을지어다 10이제 내가 사람들에게 좋게 하랴 하나님께 좋게 하랴
사람들에게 기쁨을 구하랴 내가 지금까지 사람들의 기쁨을 구하였다면 그리스도의 종
이 아니니라 (갈라디아서 1장 6-10절)

Q 갈라디아 교회에서 "다른 복음"은 어떤 주장을 하였습니까? 그리고 위의 구절에 따르면, 다른 복음을 전하는 자는 어떻게 됩니까?

갈라디아서 2장 16절("사람이 의롭게 되는 것은 율법의 행위로 말미암음이 아니요 오직 예수 그리스도를 믿음으로 말미암는 줄 알므로 우리도 그리스도 예수를

믿나니 이는 우리가 율법의 행위로써가 아니고 그리스도를 믿음으로써 의롭다 함을 얻으려 함이라 율법의 행위로써는 의롭다 함을 얻을 육체가 없느니라")에 따르면, 갈라디아 교회에서 "다른 복음"을 좇는 자들은 율법의 행위로써 의롭다 함을 얻고자 하는 자들입니다. 이들은 예수 그리스도를 믿음으로써 의롭게 된다는 점을 부인하는 자들입니다. 예수 그리스도를 믿음으로 의롭게 된다는 것은 초대교회가 확고하게 주장하였고 종교개혁자들이 재발견한 복음입니다. 그러기에 이러한 주장에서 벗어나면 "다른 복음"을 주장하는 것입니다.

○ 요한1서에서는 하나님께 속하지 아니한 "적그리스도의 영"에 관하여 언급하고 있습니다.

[1]사랑하는 자들아 영을 다 믿지 말고 오직 영들이 하나님께 속하였나 분별하라 많은
거짓 선지자가 세상에 나왔음이라 [2]이로써 너희가 하나님의 영을 알지니 곧 예수 그리
스도께서 육체로 오신 것을 시인하는 영마다 하나님께 속한 것이요 [3]예수를 시인하지
아니하는 영마다 하나님께 속한 것이 아니니 이것이 곧 적그리스도의 영이니라……
(요한1서 4장 1－3절)

Q 위의 구절에 따르면, "적그리스도의 영"은 어떤 자들을 가리킵니까?

요한1서 4장 1~3절에 따르면, "적그리스도의 영"은 예수 그리스도께서 육체로 오신 것을 시인하지 아니하는 자들을 가리킵니다. 예수 그리스도를 믿는다는 것은 예수 그리스도께서 육체로 오신 것을, 즉 예수 그리스도께서 참으로 사람이 되심을 믿고 받아들이는 것입니다. 요한복음 1장 14절에서 "말씀이 육신이 되어 우리 가운데 거하시매……"라고 분명히 선포하고 있기 때문입니다. 예수 그리스

도께서 육체로 오신 것을 시인하지 않는다는 것은, 예수 그리스도가 단지 인간의 모습이나 모양으로는 나타났지만 그렇다고 해서 진정한 사람이 된 것은 아니라고 주장하는 것입니다. 이러한 입장을 가현설(docetism)이라고 하는데, 예수 그리스도가 단지 육체를 입은 것처럼 가짜로 그렇게 보인다는 뜻입니다. 가현설은 비성경적인 영육이원론의 입장에 근거하는 주장입니다. 그래서 가현설을 주장하는 자들은 육체가 고상하지 않고 열등한 것이기 때문에, 예수 그리스도가 열등한 육체를 입어서는 안 된다고 주장하였던 것입니다.

3 정통과 이단/사이비

○ **정통(orthodox)**은 '올바른(orthos 〈ὀρθός〉)'이라는 단어와 '가르침/믿음(doxa〈δόξα〉)'이라는 단어가 합쳐진 말로서 성경의 올바른 기르침과 여기에 근거한 교리들(doctrines)을 의미합니다. 그런데 성경의 올바른 가르침의 핵심은 예수 그리스도의 복음(Gospel)입니다. "다른 복음은 없기(No Other Gospel)" 때문입니다.
교리(doctrine)라고 하더라도, 성경의 올바른 가르침의 잣대로 판단해야 합니다. 교리(doctrine/dogma)는 ① 성경의 올바른 가르침을 교인들에게 명료화하는 과정에서, ② 이단과 사이비의 잘못된 입장들을 반박하는 과정에서, ③ 교회 전체의 회의들을 통하여 공식적으로 결정된 신앙내용들입니다. ④ 그러나 교리 자체보다는 교리가 의미하는 바를 풍부하게 깨달아 가는 것이 중요합니다.

○ **이단(heresy)/사이비(似而非 pseudo)** 이단은 그리스어로 "하이레시스(αἵρεσις)"로서 "선택, 또는 선택되어진 것, 또는 그러한 자들의 분파 또는 파당"을 의미합니다. 그래서 정통에서 벗어난 가르침 또는 그러한 가르침을 따르는 분파를 가리킵니다. 성경의 정통적인 가르침에서 벗어나면 이단이라고 할 수 있습니다. 사이비는 그리스어로 "프슈데스(ψευδής)"로서 "거짓의, 거짓을 말하는, 또는 비슷해 보이나 실은 그렇지 않음"을 의미합니다. 정통과 비슷해 보이지만, 실제로는 그렇지 않은 가르침이나, 또는 그러한 가르침을 따르는 분파를 가리킵니다. 초대교회에도 이단과 사이비가

많이 있었습니다. 대표적인 예들로는 갈라디아서에서 언급된 "다른 복음"을 따르는 자들이나, 요한1서에서 언급된 "가현설"을 주장하는 자들입니다.

Q '정통–이단/사이비'에 관한 위의 구별을 고려하면서, 성경의 올바른 가르침은, 즉 정통교회의 가르침은 어떤 입장들을 주장하며, 그 성경적인 근거는 무엇입니까?

이단/사이비 분별의 기준들

○ 성경의 올바른 가르침을 떠나 있는 이단/사이비를 분별하는 기본적인 기준들을 신학적 주제에 따라 다음과 같이 정리할 수 있습니다.

1) 성경론(계시론)

성경은 하나님의 감동으로 된 하나님의 말씀입니다. 일반계시는 하나님에 관하여 어렴풋이 알려 주지만 구원에 이르게 하지는 못하며, 오직 특별계시인 성경과 그 핵심인 예수 그리스도만이 구원에 이르는 지혜가 있습니다. 구원과 관련하여 성경 이외에 다른 계시를 받았다고 주장하면 이단이라고 할 수 있습니다.

예) 몰몬교(예수그리스도후기성도교회(말일성도예수그리스도교회)
=> 조셉 스미스가 신의 사자인 모로나이를 통해 받은 몰몬경을 성경과 함께 인정
통일교(세계기독교통일신령협회)
=> 문선명이 16세 때 섭리달성의 특별계시를 받았다고 주장하여 원리강론을 가르침
박윤식 평강제일교회(구 대성교회)
=> 박윤식이 지리산에게 기도하다가 비밀말씀을 받았다고 주장
SMG 사마리아선교회(Samaria Mission Group)
=> 한국에 온 1,000명 이상의 천사들이 계시를 전해 준다고 주장

2) 신론

성경은 신의 존재를 인정하는 유신론(theism)인데, 모호하고 막연한 신을 인정하는 유

신론이 아니라 성부와 성자와 성령으로 존재하시는 한 분 하나님을 믿는 삼위일체론을 주장합니다. 성부와 성자와 성령을 하나님으로 인정하지 않는다면 이단이라고 할 수 있습니다. 양태론은 한 하나님만을 인정하고 한 하나님이 성부의 양태로, 성자의 양태로, 성령의 양태로 나타났다고 주장합니다. 삼신론은 성부와 성자와 성령을 하나님으로 인정하기는 하지만, 한 하나님이 아니라 세 개의 다른 신들이라고 주장합니다.

예) 고대교회의 아리우스주의
=〉 아리우스는 성자가 존재하지 않는 때가 있고 성부보다 열등하다고 주장
현대의 유니테리언 교회(Unitarian Church)
=〉 주로 성부만을 하나님으로 인정
여호와의 증인(Jehovah's Witnesses)
=〉 예수는 하나님이 아니라 하나님의 충실한 증인이라고 주장
성령도 하나님이 아니라 단지 하나님의 활동력이라고 주장
한국예수교(천부교)전도관부흥협회/신앙촌
=〉 박태선 자신을 천부로 자칭

3) 인간론

성경은 인간의 전적인 죄인 됨을 인정합니다. 인간이 일반계시적인 측면에서 양심과 이성과 감성으로 학문, 과학, 문화, 예술, 문명 등의 삶을 영위할 수는 있으나, 구원에 이르는 지혜는 오직 특별계시인 성경과 예수 그리스도에게서 발견할 수 있습니다. 인간 스스로의 구원을 언급할 정도로 인간이 선하다고 주장하면 이단이라고 할 수 있습니다.

예) 고대교회의 펠라기우스주의
=〉 펠라기우스는 인간이 자유의지로 율법을 지킬 수 있음을 주장
현대의 유니버설 교회(Universal Church)
=〉 인간은 아주 선하기 때문에 지옥에 갈 수 없다고 주장

4) 기독론

성경은 예수님이 우리의 주님이시며, 구주이시고, 하나님의 아들이시며, 하나님임을 고백합니다. 오직 예수님만이 진정한 구원자이심을 인정합니다. 예수님이 참 하나님이며 참 사람임을 인정합니다. 예수님의 신성과 인성을 인정하지 않거나 예수님의 구원의 사역을 축소하거나 대체하면 이단이라고 할 수 있습니다.

예) 영지주의(Gnosticism)의 가현설(Docetism)
=〉 예수 그리스도가 육체로 오신 것을, 즉 예수님의 참사람 됨을 부정

통일교(세계기독교통일신령협회)
=〉 문선명은 자신을 참구주 및 참부모라고 주장

5) 성령론

성경은 성령이 “또 다른 보혜사”로서 “하나님”임을 확증합니다. 성령을 하나님으로 인정하지 않는다거나 성령 하나님 대신에 자신을 보혜사라고 주장하면 이단이라고 할 수 있습니다.

예) 신천지 예수교 증거장막성전
=〉 교주 이만희가 자신을 보혜사 성령이라고 주장
하나님의교회 안상홍증인회(세계복음선교협회)
=〉 안상홍 자신이 보혜사 성령 하나님이며 재림 예수라고 주장
그의 부인 장길자는 어머니 하나님이라고 주장

6) 교회론

성경에서 교회는 하나님이 불러 주신 자들의 모임입니다. 교회에서는 인간적인 연약함과 부족함이 있으나, 오직 성령 안에서 예수 그리스도를 통하여 하나님에 의하여 거룩하여지는 성화의 길을 걸어갑니다. 기존교회들을 전면적으로 비판하면서 자기들끼리만 따로 모이라고 한다면, 이단일 가능성이 많습니다.

예) 각종 이단들

7) 종말론

성경은 세상의 종말(eschaton)이 반드시 있기 때문에, 미래의 소망을 가지면서도 동시에 현재의 삶에 신실할 것을 요구합니다. 그리고 종말의 때는 아무도 모른다고 성경은 분명히 말씀합니다. 종말이 있음을 부정하거나, 종말/재림을 이유로 현재의 삶을 포기하거나, 재림의 때를 특정한 날짜로 명시하면 이단이라고 할 수 있습니다. 특히, 시한부 종말론은 모두 이단입니다.

예) 제칠일안식일예수재림교(The Seventh-Day Adventist Church〈SDA〉)
=〉 교주 윌리엄 밀러는 재림을 1844년으로 특정함
이장림 다미선교회
=〉 1992년 10월 28일 휴거를 주장

적용

○ 오늘날 우리 주변에서 쉽게 목격되는 이단들 또는 사이비들에 의해서 생겨나는 사회적 폐해들은 무엇인지 함께 말해 보세요.

○ 생활현장에서 이단사이비 분별하는 법 (예장통합총회 자료)

신앙생활 현장에서 이단사이비 분별하는 법

아래와 같은 내용을 가르치는 곳은 이단의 특성을 보이는 단체입니다
성도 여러분들은 주의하시고 혹시라도 주변에서 이와 같이 가르치는 단체를
소개받아서 성경공부를 하게 된 경우 담당 교역자와 꼭 상담해 주세요.

성경비유
성경은 문맥과 문장의 흐름을 따라 읽고 해석해야 함에도 불구하고, 성경을 비유로 풀어야 한다며 신 · 구약 성경의 특정구절만 보면서 이 구절 저구절 짜 맞추기를 하는가?

비밀교육
복음은 부끄럽거나 감추는 것이 아닌데도, 성경을 가르치면서 목사님과 부모님께는 비밀로 하라고 하는가? 입막음을 시켜 성경공부 하는 것이 탄로나지 않도록 비밀교육을 시키는가?

시대별 구원자
예수님은 어제나 오늘이나 영원토록 모든 사람의 구원자이신데도 그렇게 가르치지 않고 시대별로 구원자가 각자 다르게 존재해 왔다며 노아 · 모세 · 아브라함도 구원자고 신약 때는 예수님이 구원자였지만 말세에는 다른 구원자를 믿어야 한다고 가르치는가?

성경외의 경전
성경은 유일무이한 하나님의 말씀인데도 불구하고 성경은 시대에 뒤떨어졌다며 새로운 책을 들고 나와 새시대의 진리라고 주장하는가?

극도의 교회 비난
교회의 아픔과 상처가 있을 때 그것을 싸매며 기도하고 함께 아파하기보다 교회의 타락한 모습만 부각하고 비판하면서 위선적인 종교집단으로 매도하는가? 마치 교회에는 진리가 없고 새로운 진리와 구원의 길을 따라 가야 한다는 식으로 말하지 않는가? 정통교회 목회자들을 바리새인 · 거짓목자라며 비난하는가?

시한부종말론
예수님이 오시는 날과 때는 아무도 모른다고 성경이 말씀했음에도 불구하고 종말, 재림의 날짜를 강조하면서 날짜를 못 박아 말하며 맹종을 강요하지 않는가? 또한 조건부 종말, 예를 들어 2~3년내에 14만4천명이 찬다며 종말이 올 것이라고 거짓말하지 않는가?

동방한국론
성경에서 말씀하는 동방은 이스라엘의 동쪽인 팔레스타인 지역을 뜻하는데도 불구하고 성경의 동방이 한국이라고 해석하는 등 성경 말씀을 한국의 특정 지역이나 특정 단체의 사건에 꿰맞추어 억지를 부리는가?

직통계시
교주에게 하나님이 계시를 내려주셨다며 예수님 이후 2천년만에 새롭게 내려진 계시라고 과장하지 않는가? 또한 교주가 하나님의 음성을 들었다며 자기 말을 듣지 않을 때 저주받는다고 공포감을 조장하지는 않는가?

극도의 배타성
다른 교회에는 구원이 없고 자신들의 단체에만 구원이 있다며 정통 기존 교회의 구원이나 진리를 부정하는가?

대한예수교장로회총회
이단사이비대책위원회 · 이단사이비문제상담소

○ 기독교인들이 경계해야 할 이단로고 (예장통합총회 자료)

MEMO

MEMO

세례자교재(인도자용)

초판발행 2016년 9월 20일
2쇄발행 2022년 4월 10일

지은이 백충현

기획편집 대한예수교장로회총회 국내외군 · 특수선교처
총무 문장옥
주소 03128 서울시 종로구 대학로3길 29 총회창립100주년기념관 602호
전화 02-741-4353 **팩스** 741-4355

펴낸 이 박창원
펴낸 곳 한국장로교출판사
주소 03129 서울시 종로구 대학로 19, 409호(연지동, 한국기독교회관)
전화 02-741-4381 **팩스** 741-7886
영업국 031-944-4340 **팩스** 944-2623
등록 No. 1-84(1951. 8. 3.)

ISBN 978-89-398-4145-1

책값 8,000원